QUANQIU DIANXING ZIYOU MAOYIGANG
JIANSHE JINGYAN YANJIU

# 全球典型自由贸易港建设经验研究

陆剑宝　编著

中山大学出版社

·广州·

版权所有　翻印必究

## 图书在版编目（CIP）数据

全球典型自由贸易港建设经验研究/陆剑宝编著．—广州：中山大学出版社，2018.8

ISBN 978 – 7 – 306 – 06380 – 9

Ⅰ．①全…　Ⅱ．①陆…　Ⅲ．①自由贸易区—经济建设—经验—世界　Ⅳ．①F741.2

中国版本图书馆 CIP 数据核字（2018）第 138329 号

| | |
|---|---|
| 出 版 人： | 王天琪 |
| 策划编辑： | 曾育林 |
| 责任编辑： | 曾育林 |
| 封面设计： | 曾　斌 |
| 责任校对： | 马霄行 |
| 责任技编： | 何雅涛 |
| 出版发行： | 中山大学出版社 |
| 电　　话： | 编辑部 020 – 84111996，84113349，84111997，84110779 |
| | 发行部 020 – 84111998，84111981，84111160 |
| 地　　址： | 广州市新港西路 135 号 |
| 邮　　编： | 510275　　传　真：020 – 84036565 |
| 网　　址： | http://www.zsup.com.cn　E-mail：zdcbs@mail.sysu.edu.cn |
| 印 刷 者： | 佛山市浩文彩色印刷有限公司 |
| 规　　格： | 787mm×1092mm　1/16　14.5 印张　360 千字 |
| 版次印次： | 2018 年 8 月第 1 版　2020 年 3 月第 2 次印刷 |
| 定　　价： | 58.00 元 |

如发现本书因印装质量影响阅读，请与出版社发行部联系调换

# 序　言

　　这是本人继《中国自由贸易试验区制度创新体系：理论与实践》后的另一本有关自由贸易领域的研究成果，也可以看作其姊妹篇。2014年12月，国务院决定设立中国（广东）自由贸易试验区，中山大学率先垂范，与南沙新区片区达成合作协议，共建"中山大学自贸区综合研究院"。该研究院隶属于国家高端智库——中山大学粤港澳发展研究院，并于2017年获批为广东省重点智库。本人非常荣幸成为中山大学自贸区综合研究院自主培养的第一位出站博士后并留在研究院继续从事与自由贸易区和粤港澳大湾区等相关领域的研究工作。2018年4月13日，习近平总书记在海南建省办经济特区30周年大会上重点提到："党中央决定支持海南全岛建设自由贸易试验区，支持海南逐步探索、稳步推进中国特色自由贸易港建设，分步骤、分阶段建立自由贸易港政策和制度体系。"因此，本书的出版也可以算作我在中山大学自贸区研究院研究工作的友好延续。

　　在中山大学自贸区综合研究院从事自由贸易区研究的过程中，亦有机会被选调到中央人民政府驻香港特别行政区联络办公室进行为期一年的课题研究，对香港作为百年自由贸易港的建设经验有了直观的认识。本书的成果还基于中山大学自贸区综合研究院团队所承担的有关建设自由贸易港研究的国家社科基金专项的课题支持和课题组成员的努力。

　　本书的出版，除了得到中山大学自贸区综合研究院和中山大学粤港澳发展研究院领导和同事的大力支持外，还得到研究阐释党的十九大精神国家社科基金专项资助，国家高端智库——中山大学粤港澳发展研究院专项资助,广州市哲学社会科学发展"十三五"规划 2018 年度智库课题、珠海市哲学社会科学发展"十三五"规划 2018 年度一般课题的资助,特此感谢!

陆剑宝

2018 年 8 月 1 日于中山大学文科楼

# 目 录

绪论 自由贸易港：中国对外开放的最高配……………………… 1

## 第一章 中国特色自由贸易港建设的背景………………………… 3
第一节 自由贸易港的界定和类型………………………… 3
第二节 中国特色自由贸易港的起源：海关特殊监管区…… 6
第三节 中国特色自由贸易港的演进……………………… 7
第四节 有了自贸试验区，为什么要建设自由贸易港…… 10

## 第二章 如何建设中国特色自由贸易港…………………………… 12
第一节 建设中国特色自由贸易港的关键问题…………… 12
一、如何建立中国特色自由贸易港的管理体系………… 12
二、哪些全球自由贸易港的建设经验值得借鉴………… 12
三、如何建构中国特色自由贸易港的上层设计………… 13
四、如何建构自由贸易港的微观管理体制机制………… 13
五、如何制定自由贸易港政策实施细则………………… 14
第二节 中国特色自由贸易港的建设路径………………… 14
一、赋予地方政府更大的改革自主权…………………… 14
二、"负面清单"可以适时适地扩大开放……………… 15
三、以贸易便利化促贸易转型升级……………………… 15
四、在自由贸易港实行低税收政策……………………… 15
五、在自由贸易港开展离岸金融业务…………………… 16
六、制度红利引致高端要素集聚………………………… 16

七、以开放促发展 ………………………………………… 16

## 第三章　全球自由贸易港的发展特点 ………………… 18
第一节　研究全球典型的自由贸易港的原因 ………… 18
第二节　全球自由贸易港的区位与功能定位及其演进 … 19
第三节　全球自由贸易港的组织架构 ………………… 21
第四节　全球自由贸易港的监管模式 ………………… 23
　　一、全球自由贸易港的投资便利化制度安排 ……… 23
　　二、全球自由贸易港的贸易便利化制度安排 ……… 24
　　三、全球自由贸易港的金融放开制度安排 ………… 25
　　四、全球自由贸易港的税收制度安排 ……………… 26
　　五、全球自由贸易港的法治化制度安排 …………… 27
　　六、全球自由贸易港的海关监管经验 ……………… 28
第五节　全球自由贸易港的"港－城"融合经验 …… 29

## 第四章　"转口贸易"型自由贸易港的建设经验 …… 32
第一节　巴拿马科隆自由贸易港的建设经验 ………… 32
　　一、科隆自由贸易港的概况 ………………………… 33
　　二、科隆自由贸易港的功能定位 …………………… 37
　　三、科隆自由贸易港的运营模式 …………………… 37
　　四、科隆自由贸易港的税收优惠政策 ……………… 39
　　五、科隆自由贸易港的建设经验 …………………… 40
第二节　澳大利亚达尔文自由贸易港的建设经验 …… 42
　　一、达尔文自由贸易港的概况 ……………………… 42
　　二、达尔文自由贸易港的运营与管理模式 ………… 44
　　三、达尔文自由贸易港的服务与税费政策 ………… 46
　　四、达尔文自由贸易港的产业与贸易发展 ………… 47
　　五、达尔文自由贸易港建设与发展的经验总结 …… 50
第三节　美国夏威夷火奴鲁鲁自由贸易港的建设经验 … 51
　　一、火奴鲁鲁自由贸易港的概况 …………………… 52

二、火奴鲁鲁自由贸易港的贸易发展成效 ·············· 54
　　三、火奴鲁鲁自由贸易港的产业发展 ················ 56
　　四、火奴鲁鲁港的政府管理机构与管理体制 ············ 57
　　五、火奴鲁鲁自由贸易港的配套政策支持 ·············· 59

## 第五章 "港口+工业"型自由贸易港的建设经验 ·········· 61
### 第一节 德国汉堡港的建设经验 ····················· 61
　　一、汉堡港概况和功能 ························ 62
　　二、汉堡港的贸易发展成效 ······················ 65
　　三、汉堡港的管理机构 ························ 66
　　四、汉堡港的管理体制 ························ 68
　　五、汉堡港的配套政策支持 ······················ 69
　　六、汉堡港的微观管理经验 ······················ 70
　　七、汉堡港未来发展趋势 ······················· 73
### 第二节 荷兰鹿特丹自由贸易港的建设经验 ··············· 73
　　一、鹿特丹自由贸易港的概况 ····················· 74
　　二、鹿特丹自由贸易港的行政架构 ··················· 76
　　三、鹿特丹自由贸易港的政府监管方式 ················ 78
　　四、鹿特丹自由贸易港的运营模式 ··················· 82
　　五、鹿特丹自由贸易港的配套管理措施 ················ 85
　　六、鹿特丹自由贸易港的产业发展情况 ················ 88
　　七、鹿特丹自由贸易港的产业发展趋势 ················ 90
### 第三节 美国西雅图自由贸易港的建设经验 ··············· 93
　　一、西雅图自由贸易港的概况 ····················· 94
　　二、西雅图自由贸易港的运营与管理模式 ··············· 98
　　三、西雅图自由贸易港的税收政策 ··················· 100
　　四、西雅图自由贸易港的产业发展 ··················· 101
　　五、西雅图自由贸易港建设与发展的经验总结 ············ 104

# 第六章 "港口+工业+服务"的"1+N"模式自由贸易港建设经验 …… 106

## 第一节 迪拜杰贝阿里自由贸易港的建设经验 …… 106
一、杰贝阿里自由贸易港的基本情况 …… 106
二、杰贝阿里自由贸易港的政府管理架构 …… 107
三、杰贝阿里自由贸易港的政府监管方式 …… 107
四、杰贝阿里自由贸易港的运营模式 …… 109
五、杰贝阿里自由贸易港的配套政策支持 …… 110

## 第二节 韩国釜山自由贸易港的建设经验 …… 110
一、韩国釜山自由贸易港的概况 …… 111
二、釜山港的运营及管理模式 …… 113
三、釜山港的产业发展与转型升级 …… 115
四、釜山港建设的公共政策支持 …… 117
五、釜山港建设与发展的经验总结 …… 118

## 第三节 美国纽约自由贸易港的建设经验 …… 120
一、纽约自由贸易港的概况 …… 120
二、纽约自由贸易港的政府监管 …… 122
三、纽约自由贸易港的贸易发展 …… 126
四、纽约自由贸易港的配套政策支持 …… 127
五、纽约自由贸易港运营的经验启示 …… 129

## 第四节 英国伦敦自由贸易港的建设经验 …… 130
一、伦敦自由贸易港的概况 …… 130
二、伦敦自由贸易港的管理体制 …… 133
三、伦敦自由贸易港的配套政策支持 …… 134
四、伦敦自由贸易港的运营发展模式 …… 135
五、伦敦自由贸易港的经验借鉴 …… 140

# 第七章 "港-产-城"联动模式的自由贸易港建设经验 …… 142

## 第一节 新加坡裕廊自由贸易港的建设经验 …… 142
一、裕廊自由贸易港的基本概况 …… 142

二、裕廊自由贸易港的运营模式……………………… 144
　　四、裕廊自由贸易港的政府管理机构和行政架构……… 147
　　五、裕廊自由贸易港的优质营商环境…………………… 150
　　六、小结…………………………………………………… 153
第二节　中国香港自由贸易港的建设经验……………………… 153
　　一、香港自由贸易港的基本情况………………………… 154
　　二、政府管理机构和行政架构…………………………… 160
　　三、政府监管方式………………………………………… 165
　　四、港区的产业发展情况………………………………… 167
　　五、配套政策支持………………………………………… 169
第三节　美国旧金山自由贸易港的建设经验…………………… 173
　　一、旧金山自由贸易港的概况…………………………… 174
　　二、旧金山自由贸易港的物流业状况…………………… 176
　　三、旧金山自由贸易港的产业发展状况………………… 177
　　四、旧金山自由贸易港的内部行政管理………………… 179
　　五、旧金山港的外部行政管理机制……………………… 181
　　六、旧金山自由贸易港的优惠政策……………………… 184
　　七、旧金山自由贸易港的建设经验总结………………… 186
第四节　法国马赛自由贸易港的建设经验……………………… 187
　　一、马赛自由贸易港的概况……………………………… 187
　　二、马赛自由贸易港体制机制…………………………… 190
　　三、马赛自由贸易港的贸易投资政策…………………… 193
　　四、马赛自由贸易港的税收政策………………………… 194
　　五、马赛自由贸易港产业发展情况……………………… 195
第五节　日本东京湾港口群及东京湾区的建设经验研究
　　………………………………………………………………… 198
　　一、东京湾港口群的概况………………………………… 199
　　二、东京湾的管理与协调机制…………………………… 201
　　三、东京湾区的产业发展与港口建设…………………… 202
　　四、东京湾区的海关监管与保税场所…………………… 205

五、东京湾区的建设经验启示……………………………………208

**第八章　"旅游+离岸经济"型自由贸易港建设经验**………211
　　一、乔治敦自由贸易港的概况……………………………………211
　　二、开曼政府的政策支持…………………………………………214
　　三、乔治敦港推动离岸注册经济的经验…………………………215
　　四、小结……………………………………………………………221

# 绪论　自由贸易港：中国对外开放的最高配

2013年至2017年，中国相继分三批设立自由贸易试验区。自贸试验区设立的主要目的，是以制度创新为核心，复制推广改革措施和扩大对外开放水平。自贸试验区设立以来，尽管取得了一定的改革成效，但仍存在较多的制约问题，尤其是在通过体制变革来吸引全球高端要素集聚，推动对外开放方面，没有达到预期效果。

2017年10月18日，习近平总书记在党的十九大报告中指出，"赋予自由贸易试验区更大改革自主权，探索建设自由贸易港"。由此可见，自贸试验区和自由贸易港都将是未来改革的重点。

2018年4月，党中央决定支持海南全岛建设自由贸易试验区，支持海南逐步探索、稳步推进中国特色自由贸易港建设，分步骤、分阶段建立自由贸易港政策和制度体系。这是党中央着眼于国际国内发展大局，深入研究、统筹考虑、科学谋划做出的重大决策，是彰显我国扩大对外开放、积极推动经济全球化决心的重大举措。

因此，既然有了自由贸易试验区，再提设立自由贸易港，那就并不简单是自由贸易试验区的功能升级版。自由贸易港作为目前全球开放水平最高的特殊经济功能区，要承担国家发展更大的战略任务。

建设自由贸易港需要国家和地方投入更大的改革精神和勇气，更加深入贯彻落实习近平总书记提出的"大胆试、大胆闯、自主改"重要指示。中国特色自由贸易港,应该是开放层次最高、营商环境最优、辐射作用最强的开放新高地。未来相当长的一段时间,自由贸易港将是构建对外开放经济新体制,服务国家战略,尤其是"一带一路"倡议的最为重要的政策工具。

# 第一章　中国特色自由贸易港建设的背景

2018年4月13日,习近平总书记在庆祝海南建省办经济特区30周年大会上的讲话指出:"党中央决定支持海南全岛建设自由贸易试验区,支持海南逐步探索、稳步推进中国特色自由贸易港建设,分步骤、分阶段建立自由贸易港政策和制度体系。"自由贸易港是当今世界最高水平的开放形态。海南建设自由贸易港要体现中国特色、符合中国国情、符合海南发展定位,学习借鉴国际自由贸易港的先进经营方式、管理方法。

## 第一节　自由贸易港的界定和类型

自由贸易港是指设在一国或一地区境内、海关管理关卡之外的,允许境外货物、资金自由进出的港口区。对进出港口区的全部或大部分货物免征关税,并且准许在自由贸易港内,开展货物自由储存、展览、拆散、改装、重新包装、整理、加工和制造等业务活动。目前,排名世界集装箱港口中转量第一、第二位的新加坡港、中国香港港均实施自由贸易港政策,通过吸引大量集装箱前去中转,奠定其世界集装箱中心枢纽的地位。综观全球经验可见,以港兴城,以港促开放是一项长期有效的区域发展政策。

自由贸易港最早在欧洲出现。1547年,意大利正式将热那亚湾的里南那港定名为世界上第一个自由贸易港,从事单一的转口贸易。17世纪开始,欧洲一些贸易大国相继将主要港口和城市辟为自由贸易港,如法国的敦刻尔克港、德国的汉堡港和不来梅港、丹麦的哥本哈根港等。随着大航海时代航运业的快速发展以及"二战"之后世界经济的快速复苏，全球的自由贸易港数量不断增加，功能也不断拓展，并随着全球经济一体化的发展从其发源地——欧洲传播到了世界各地。目前，全球有100多个自由贸易港。

随着时代和全球经济环境的变迁，自由贸易港也由早期单一的"转口贸易型"进一步发展出了"工商型""旅游、购物型""综合型"等紧跟时代步伐的类型。

1. "转口贸易型"自由贸易港

一般的自由贸易港均以转口贸易起家。这类自由贸易港主要分布在西欧地区，以巴拿马的科隆港、德国的汉堡港和英国的利物浦港为典型代表，属于第一代自由贸易港。通过这种"转口贸易型"自由贸易港，货物的贸易不直接在生产国与消费国之间进行，而是通过将货物运往第三国的自由贸易港，由第三国易手进行买卖。这类自由贸易港为遭遇反倾销的国家提供了有效躲避贸易制裁的途径。但是，随着区域经济一体化的发展，区域经济体（如欧共体）的形成使得国家或地区间的关税壁垒正在消除，导致"转口贸易型"自由贸易港的功能地位受到了冲击。在这种国际环境下，这类自由贸易港为了生存，一部分升级为第二、第三代自由贸易港，另一部分则在一体化的浪潮中选择取消自身自由贸易港的定位。德国的汉堡港就从2013年1月1日起结束其120年自由贸易港的使命。我国的香港港发展初期就是全球著名的转口贸易港。

2. "港口+工业型"自由贸易港

这类自由贸易港较多，主要分布在拉丁美洲、非洲和东欧地区，以荷兰的鹿特丹港、巴西的马瑙斯港和罗马尼亚的苏利纳港为代表，属于第二代自由贸易港。因为"二战"之后加工制造业对场地和交通运输网络有了更高的要求，使得第二代自由贸易港突破了空间限制，选址更为广阔。区位上由港口码头向港口腹地延伸，功能上由原有的"转口贸易"扩大到既能促进贸易发展又能促进工业发展的方向，建立成为"工商型"自由贸易港。这种自由贸易港极大地促进了地区周边的经济发展，增加了外汇收入，并有效改善了当地的就业情况。我国的大连港、舟山港是典型的"港口+工业型"。

3. 基于"港口+工业+服务业"的"1+N"型

我国目前仍没有能很好把自由贸易港、衍生工业和配套服务业整合在一起的自由贸易港。国外最典型的融合"港口-工业-服务业"的综合型自由贸易港以迪拜的杰贝阿里港为代表。迪拜根据自身地理交通优势，在港口周边除了发展起部分港口制造业之外，还在港口腹地设置不同功能的服务业产业园区，包括"媒体城""金融城""互联网城"，这些服务业园区在物理范围内，亦能享受相关的自由贸易政策优惠。

4. "港-产-城"联动型

这种类型的自由贸易港主要以微小经济体为主，全域均为自由贸易港，如新加坡港和中国香港港。这种"港-产-城"联动模式代表自由贸易港演变的典型规律。通过港口的发展带来转口贸易量，培育起贸易和物流优势产业。然后在港口周边发展港口工业，但是否发展石化和炼油则根据各地的规划而定，如新加坡发展石化和炼油，但香港并没有。在港口工业发展到一定程度，周边腹地会发展起为港口服务的若干服务产业，如专业服务业、金融业、批发零售业、餐饮住宿业。最后，城市业务中心地区（central business distric，CBD）兴起加之周边的商住楼围绕，逐渐形成了"港-产-城"联动的雏形。我国目前"港-产"联动发展的港口比较成熟，但港口对城市的带动功能还比较弱小。

5. "旅游、休闲、购物型"自由贸易港

这类自由贸易港主要分布在加勒比海地区，以开曼群岛乔治敦港、美国夏威夷岛火奴鲁鲁港、委内瑞拉的马格里塔港、哥伦比亚的圣安德烈斯港为代表。这类自由贸易港由于所在地区的经济并不发达，并且产业结构多以与旅游、购物有关的第三产业为主,使得自由贸易港在发展过程中,为了回笼货币、弥补国内商品短缺等缺憾,补充以"旅游、购物"为主的功能,建立"旅游、购物型"自由贸易港,以达到促进地区经济发展的目的。我们海南岛目前属于此类型自由贸易港,但随着自由贸易港政策在海南的实施,海南的港口依托型工业会有所增加,周边服务产业也会有所增加,一些新兴产业培育得当得以衍生发展。

## 第二节 中国特色自由贸易港的起源:海关特殊监管区

中国的海关特殊监管区是指在中华人民共和国关境内,由国务院批准设立,海关为主,实施监管的特定封闭区域,连接国内外市场,享受自由便利的通关环境和优惠的政策,具有特殊的经济功能。

我国海关特殊监管区的形成和发展,与保税加工贸易的发展密不可分。经过长期的探索与发展,随着加工贸易的起步、发展与转型,海关特殊监管区从无到有,类型及数量从少到多,逐步发展成熟。

海关特殊监管区经历了保税区、出口加工区、保税物流园区、保税港区、综合保税区、自贸试验区、自由贸易港的形态演进。

1. 保税区

含保税仓储、出口加工、国际贸易、商品展示四大经济功能。至1996年,国家陆续设立15个保税区,随后未再批准新设,并取消了保税区国内货物入区退税政策,改为货物实际离境后退税。

2. 出口加工区

20世纪末,国家为鼓励扩大出口,开始设立15个出口加工区。出口加工区定位"两头在外",服务于产品外销的加工贸易,实施封关运作、便捷通关和入区退税政策。

### 3. 保税物流园区

为了解决保税区、出口加工区分属两个海关监管，只能以转关方式实现监管衔接的突出问题，推动"区港联动"，国家设立保税物流园区，在一些港区或港口附近划出一块封闭管理的特定区域，有专门闸口与港区联系，连接了保税区与港区，实现统一监管，避免二次通关的重复手续。不仅具有进口货物入区保税功能，还增加了国内货物入区退税功能，重点发展国际中转、国际配送、国际采购、转口贸易功能。

### 4. 保税港区

以上三种形态功能相对单一，彼此不连片的问题日渐突出，制约了国际贸易、物流、制造业发展。因此，国家对原有的海关特殊监管区进行功能和区域整合：赋予口岸物流、加工等功能；允许开展仓储物流、国际转口贸易、国际采购、分销与配送、国际中转、检测和售后服务维修、商品展示、研发、加工、制造、港口作业等具体业务；享受覆盖前三种海关特殊监管区的税收、外汇管理等优惠政策；增加港口功能和研发加工制造功能。国家先后设立14个保税港区。

### 5. 综合保税区

国家在内陆地区试点"无水保税港"，即不临近港口的保税区，享受的优惠政策与保税港区一致，先后设立46个综合保税区。

## 第三节 中国特色自由贸易港的演进

世界上的自由贸易区（free trade zones，FTZs）最早出现的时候均以自由贸易港形式存在，后不断扩张范围并推及内陆地区。自由贸易港有严格明确的界线，该界线受海关监督，在自由贸易港区内，商品可以储存、重新包装和展览或者在遵守有关条例的前提下转运、销售、加工，海关一般不予监督或限制。随着国际贸易的指数式增长和货物匀速尤其是港口匀速效率的显著提升,自由贸易区功能不断丰富和演进,尽管自由贸易区的称谓和表现形式繁多,但它们有着共同的特征和本质上一样的内涵。

中国在港口货源量方面全球冠绝,但在投资贸易便利化和税收政策等方面距离国外成熟的自由贸易港还有一段制度距离。目前,全球航运呈现东南亚集聚的趋势,并以中国为航运中心的核心。但是,航运标准、港口监管、港口产业衍生能力、增长质量等都处于中期发展阶段,急需通过制度创新对标国际贸易投资规则,营造国际化、市场化营商环境,提升临港经济的"含金量"。见表1-1。

表1-1 2016—2017年全球前二十排名的规模港口

| 2016年 | 2017年 | 国家 | 港口 | 2016年/万标准箱 | 2017年/万标准箱 | 增速 |
| --- | --- | --- | --- | --- | --- | --- |
| 1 | 1 | 中国 | 上海港 | 3713 | 4023 | 8.4% |
| 2 | 2 | 新加坡 | 新加坡港 | 3090 | 3367 | 9.0% |
| 3 | 3 | 中国 | 深圳港 | 2411 | 2521 | 4.6% |
| 4 | 4 | 中国 | 宁波-舟山港 | 2157 | 2461 | 14.1% |
| 6 | 5 | 韩国 | 釜山港 | 1945 | 2140 | 10.0% |
| 5 | 6 | 中国 | 香港港 | 1981 | 2076 | 4.5% |
| 7 | 7 | 中国 | 广州港 | 1858 | 2037 | 9.6% |
| 8 | 8 | 中国 | 青岛港* | 1801 | 1826 | 1.4% |
| 9 | 9 | 阿联酋 | 迪拜港* | 1477 | 1544 | 4.5% |
| 10 | 10 | 中国 | 天津港* | 1450 | 1521 | 4.9% |
| 12 | 11 | 荷兰 | 鹿特丹港* | 1239 | 1360 | 9.8% |
| 11 | 12 | 马来西亚 | 巴生港* | 1317 | 1206 | -8.4% |
| 14 | 13 | 比利时 | 安特卫普港 | 1004 | 1045 | 3.6% |
| 16 | 14 | 中国 | 厦门港 | 960 | 1038 | 8.1% |
| 13 | 15 | 中国 | 高雄港* | 1046 | 1024 | -2.1% |
| 15 | 16 | 中国 | 大连港 | 959 | 971 | 1.2% |
| 18 | 17 | 美国 | 洛杉矶港 | 886 | 934 | 5.5% |
| 17 | 18 | 德国 | 汉堡港* | 893 | 900 | 0.8% |

续上表

| 2016 年 | 2017 年 | 国　　家 | 港　　口 | 2016 年/万标准箱 | 2017 年/万标准箱 | 增　　速 |
|---|---|---|---|---|---|---|
| 19 | 19 | 马来西亚 | 丹戎帕拉帕斯* | 828 | 833 | 0.6% |
| 20 | 20 | 泰国 | 林查班* | 723 | 776 | 7.3% |

数据来源：各港口港务局官网。

注释：*由 SISI 根据各港口 2017 年已出数据预测。

随着国内经济新常态下增长动能转化和国际经济形势、投资贸易规则不断演变，加之中美投资贸易摩擦等外部因素，我国迫切需要打造一个国际高标准规则的"压力测试"平台——自由贸易区。

1. 1.0 版：上海自贸试验区

2013 年 9 月 29 日，上海自贸试验区挂牌成立，面积达 28.78 平方千米，区域范围涵盖外高桥保税区、外高桥保税物流园区、洋山保税港区、上海浦东机场综合保税区 4 个海关特殊监管区域。但并没有突破海关特殊监管区的范畴。其中，上海洋山港部分作为自贸试验区。

2. 2.0 版：第二批 3 个自贸试验区

2014 年 12 月，经中共中央政治局常委会、国务院常务会议讨论决定，上海自贸试验区扩区，广东、天津、福建依托现有新区、园区新设 3 个自贸试验区。自贸试验区不再局限于海关特殊监管区的地理范围，而是采取"围网内+围网外"划区。上海自贸试验区扩区将金桥出口加工区、张江高科技园区、陆家嘴金融贸易区等经济活跃度高的区域纳入。第二批的 3 个自贸试验区均依托于港口区块而设立，如广东南沙片区依托广州南沙港，广东前海蛇口片区依托蛇口港，福建厦门片区依托厦门港，等等。

2018 年 3 月 28 日，中央全面深化改革委员会第一次会议审议通过进一步深化广东、天津、福建自贸试验区改革开放方案。

3. 3.0 版：第三批 7 个自贸试验区

2016 年 8 月，党中央、国务院决定在辽宁、浙江、河南、湖北、重庆、四川、陕西新设 7 个自贸试验区。第三批自贸试验区侧重了内陆无水港城市的开拓，侧重对接"一带一路"、振兴"东北老工业基地"等综合考虑。其中，辽宁大连片区和营口片区都依托大连港和营口港建设。

4. 4.0 版：自由贸易港

2017 年 3 月 30 日国务院印发《全面深化中国（上海）自由贸易试验区改革开放方案》，在洋山保税港区、浦东机场综合保税区等海关特殊监管区域内设立自由贸易港。对标国际最高水平，实施更高标准的"一线放开、二线安全高效管住"贸易监管制度，探索实施符合国际通行做法的金融、外汇、投资和出入境管理制度。

2017 年 10 月 18 日，党的十九大报告指出：赋予自由贸易试验区更大改革自主权，探索建设自由贸易港。

2017 年 12 月，中央要求，自由贸易港要"统一规划，逐步探索"。

2018 年 4 月，党中央决定支持海南全岛建设自由贸易试验区，支持海南逐步探索、稳步推进中国特色自由贸易港建设，分步骤、分阶段建立自由贸易港政策和制度体系。这是党中央着眼于国际国内发展大局，深入研究、统筹考虑、科学谋划做出的重大决策，是彰显我国扩大对外开放、积极推动经济全球化决心的重大举措。

## 第四节 有了自贸试验区，为什么要建设自由贸易港

1. 更积极地对标国际

自由贸易港建设可以通过逐步推进并与国际市场接轨，在特定制度下引入公平竞争和先进技术，通过放松和简化政府管制，

减低企业的贸易和运营成本,让市场力量充分发挥资源配置的作用,加快落后地区的产业升级转型,促进经济转向更高质量的发展。

2. 更优质的营商环境

自由贸易港可以在境内提供高度开放和自由化的营商环境,让国内企业熟知国际商业的运营模式。同时,自由贸易港可成为引进跨国企业的先行地,提升外资在国内开放型经济建设中的参与程度,国内的企业也可以从中获得跨国管理及营运的学习机会,提升国际竞争力。

3. 更深层次的试验

自由贸易港具有深层的试点作用。一方面,自由贸易港的监管要降低到最低限度,以实现自由化带来的制度红利;另一方面,自由贸易港要建立有效的管理体制及法律框架,使外来冲击对在岸市场的影响维持在可控范围之内。随着制度创新取得一定的成效,其制度框架及运作经验可以复制到国内其他自由贸易试验区,继而在全国推行。因此,自由贸易港建设将会是催生实质性制度创新的重要平台。

# 第二章 如何建设中国特色自由贸易港

## 第一节 建设中国特色自由贸易港的关键问题

### 一、如何建立中国特色自由贸易港的管理体系

改革开放以来,我国依靠特殊经济区的发展模式,取得了巨大的成功。但发展到了今天,面临一些矛盾和障碍,采取以往的解决方法所能够取得的成效越来越少,存在一些需要解决的突出矛盾和问题。设立自由贸易港,如果只是具有狭义的货物贸易和贸易便利化的功能,对于解决这么深层次的矛盾作用不大。因此,中国特色自由贸易港理论体系的构建需要结合中国的实际情况,以及中国当前发展的切实需要,解决当前发展过程当中存在的主要矛盾,特别是如何通过对外开放,实现物流、人流、资本流和信息流的集聚,培育经济增长的新动能。这些也是中国特色自由贸易港建设和管理需解决的问题。通过对中国特色自由贸易港理论体系的构建,能够更好地为全球模式借鉴、上层设计及路径规划提供更全面的背景分析与理论分析。

### 二、哪些全球自由贸易港的建设经验值得借鉴

在我国推出以海南岛为试验点出发建设中国特色自由贸易港的同时,有针对性地去寻找全球相关自由贸易港的建设经验是很

有必要的。一是怎样借鉴全球经验,包括全球的一些国际贸易相关经验、港区和港产融合的相关理论,都能够更好地为中国建设自由贸易港服务。二是怎样借鉴全球的理论,能够更好地为接下来的上层设计和微观管理体制机制提供思路来源,包括中央立法与中央释权,中央与地方之间的关系,自由贸易港内的产业和产业园区怎样监管、怎样建立社会治理体系等。三是借鉴全球自由贸易港的建设模式,需要为具体的各项政策出台提供政策设计的思路指引,避免某些政策制定落实不到位的情况。

## 三、如何建构中国特色自由贸易港的上层设计

中国的改革,大多数都是自下而上的改革措施,也就是"摸着石头过河"。但是,改革到了今天,在不触犯法律条文的情况下,能改的就越来越少,需要通过上层设计来推动改革。首先,我国独特的文化环境、政治环境、经济环境、法律环境等要素,都需要在上层设计与中国的实际情况相结合。其次,中国特色自由贸易港需要根据其功能定位,提出多样化的运营模式设想。我国自由贸易港管理体制因政府控制层级、区域、类别而异,上层设计的实现路径也更加强调原则性和灵活性的统一。理解不同监管模式、产权结构、类别、级别以及层级对于自由贸易港建设的使命差异,依据特征推进制度改革,充分诠释细节决定成败的内涵。

## 四、如何建构自由贸易港的微观管理体制机制

一是在当前的海关特殊监管区内,"一线"不能够真正放开,是面临的主要问题之一,如何真正落实"一线放开、二线管住、区内自由",对于港口外的周边腹地和产业园怎样实现有效监管。二是对于贸易自由化的经济路径和制度设计方面的问题,主要是在海关特殊监管区内如何实现更好的货物流动。三是

高端要素流动的监管问题，包括对于人才流动、资金流动和信息流动等，如何在腹地产业或产业园的范围内进行有效的监管，尤其是对于一些新兴经济、新业态的监管，包括对于相关产业监管及风险控制体系的设计，都是本部分研究的主要问题。四是自由贸易港与地方政府以及经济腹地的关系。

## 五、如何制定自由贸易港政策实施细则

如何改革当前我国的税收制度，如何让外资能够进入我国，并投入到实体经济中去，如何能够实现各种要素的自由流动，都是为了通过自由贸易港口带动腹地产业经济，而这些都是需要在政策方面实现的突破。同时，还需要注意到各项政策的制定，需要考虑到不同地区的特殊状况，不能像自贸试验区一样，用一套标准去衡量每个地方。最后，港口腹地的产业和产业园规范运作才能确保各项政策能够上下实现衔接，避免各主体和政策在治理准则、规范上的不必要冲突。

# 第二节 中国特色自由贸易港的建设路径

## 一、赋予地方政府更大的改革自主权

以海南全域为平台，在推动中央与地方分治体制方面进行更大胆的试验式改革创新，包括各个部委与地方政府改革之间的关系，在推动改革时怎样协调各个部门。可以通过设立专门的深化改革领导小组，推动自由贸易港上层设计；完善综合监管政府治理模式，理清地方政府各个部门的职权范围，建立政府权力清单和责任清单；赋予地方政府更大的改革开放自主权，在特定区域特定行业进行大胆放开、审慎监管。

## 二、"负面清单"可以适时适地扩大开放

通过自由贸易港，解决服务贸易对外开放的制约瓶颈，可在自由贸易港内开放某些服务业，如在医疗教育、专业服务等特殊领域可以实行全球的行业标准与规定。对标国际投资规则，完善负面清单制度，解决外商投资"大门开、小门关；小门开，玻璃门不开"的现象，进一步研究市场准入前国民待遇、注册资本认缴制、"证照分离"等在自贸试验区内取得一定成效。设立自由贸易港定向外资投资平台。外商投资也需要建立相应的投资平台，改变以往外商企业单打独斗的局面，通过平台的建设，提供一条龙服务，推动新兴产业发展。

## 三、以贸易便利化促贸易转型升级

对部分商品实现"境内关外"，对于进入自由贸易港内的货物，实行更高程度的贸易便利化。采用货物状态分类监管模式，改变以往的物理分割监管模式。特别针对近年来跨境电商等贸易新业态的衍生，可以考虑多批次集中申报的制度，提升企业通关便利性。优化国际贸易"单一窗口"的功能，通过建立采信及企业信用体系等减少抽查次数。积极培育国际贸易新兴业态，发展新型贸易模式。

## 四、在自由贸易港实行低税收政策

对标国外先进的自由贸易港，在特定地区实行低税收制度。对于进入自贸试验区不进入关境内的大部分货物免征关税，真正实现"一线放开"货物自由进出。免征关税是设立自由贸易港的基本判别，要从海南逐步建设自由贸易港开始，解决企业税收负担较重的问题。

## 五、在自由贸易港开展离岸金融业务

针对目前自贸试验区金融开放的不足，赋予自由贸易港一定的金融改革创新权限的突破。首先是可以在围网范围内率先发展"离岸"金融体系，进行外汇管理体制改革。发展离岸金融既可以解决我国庞大的国有银行体系难以走出去的问题，又可在自由贸易港内培育和发展一些新的相关行业，与国际金融机构的运营规则对接。同时，自由贸易港也可以在资本自由流动、金融与外汇管制上做进一步放松。

## 六、制度红利引致高端要素集聚

自由贸易港可以发挥其制度优势和政策配套的优势，实现新兴产业集聚的发展。在自由贸易港内和腹地上，设立"港－产"和"港－城"为载体，吸引高端人才、资本和技术进驻，带动新兴产业和服务业的发展。给予自由贸易港人才流动最大的便利，给予高端人才更大的激励，给予青年人才住房、医疗和教育的最大限度的配套服务，把自由贸易港打造成"人才洼地"。

## 七、以开放促发展

自由贸易港为全球开放水平最高的开发区，对外开放的战略意义不容置疑。自由贸易港功能与"一带一路"倡议愿景相匹配，能够为沿线的人员、资金、货物、信息的流动带来更大的便利性。在自由贸易港的基础之上，可以构建"引进来""走出去"平台，拓展我国对外贸易，缓解部分产能过剩压力，培育贸易新业态、新模式，推进贸易强国建设，从大进大出向优质优价、优进优出转变。我国与许多国家都签署了自由贸易协定，也需要自由贸易港这样的载体去实现这些功能。

习近平总书记 2018 年 4 月在海南博鳌亚洲论坛上强调，中国开放的大门不会关闭，只会越开越大。通过建设中国特色自由贸易港可以实现：① 以高水平开放促进深层次经济和社会结构调整；② 有利于进一步推动金融、医疗卫生、文化教育等专业服务业领域有序开放，带动我国现代服务业的发展；③ 通过与国家其他战略平台互动，实现相互促进与融合的联动发展模式；④ 有利于形成陆海内外联动、东西双向互济的开放格局，以开放促发展。

# 第三章 全球自由贸易港的发展特点

最近 50 年内,不管是发达国家还是发展中国家都将自由贸易区(FTZs)作为一项经济政策以提升出口导向的外商直接投资(foreign direct investment,FDI)。1970 年世界上只有几个国家允许设立 FTZs,1997 年有 93 个国家和地区设立了大约 850 个 FTZs,1999 年 FTZs 进一步爆炸式增长,有 116 个国家或地区设立超过 3000 个 FTZs。这些国家和当地政府之所以设置 FTZs,旨在通过硬环境和软环境的优化以达到经济的正向作用,包括增加外汇收入,提供就业岗位和提高员工收入水平,吸引更多的 FDI,产生技术转移、知识溢出和示范效应。

## 第一节 研究全球典型的自由贸易港的原因

自由贸易港是小范围的自由贸易区,具有海关监管区的特征,如德国汉堡的自由贸易港,我国的海关特殊监管区主要也是模仿汉堡的自由贸易港。后者是自由贸易港城市概念,如中国香港就是一个典型。新加坡也算,但是与中国香港又不相同。迪拜的模式其实就是"1+N",可以称之为 1.5 模式,比自由贸易港概念大,又比自由贸易港城市小。因此,需要把自由贸易港区与自由贸易港城市这两类不同的自由贸易港建设模式以及这两者的演变趋势进行深入分析。由此,提出对中国建设自由贸易港的启发与借鉴意义。尽管对自由贸易港的相关研究、讨论已经持续多年,但是,能够适应当前新常态下的关于深化开放型经济建设及其监管制度建设方面的理论研究、学术研究和政策研究都还明显不足，缺乏系统性的经验证据。

（1）如何客观评价全球数种典型自由贸易港的演变历程？取得哪些主要成绩？有哪些经验值得系统总结？目前还存在哪些突出的问题和挑战？背后的主要原因有哪些？

（2）全球典型自由贸易港的监管制度模式主要有哪些？这些典型模式有哪些值得借鉴的地方？这些成功的模式移植到中国时可能会面临哪些制度和行政文化上的制约因素？

（3）全球典型的自由贸易港的"港－城"融合是如何开展和演进的？这些经验对我国的自由贸易港实现"港－产－城"融合发展有什么值得借鉴的地方？

通过对上述问题的研究，对全球典型自由贸易港的建设经验有一个整体的把握和准确的判断，并在借鉴其成功的监管制度模式经验的基础上，进行我国自由贸易港的理论和实践创新，在理论和实践上树立充分的道路自信、理论自信、制度自信、文化自信，从而明确新形势下我国自由贸易港建设的制度设计和政策设计的发展方向。

## 第二节　全球自由贸易港的区位与功能定位及其演进

全球典型自由贸易港均坐拥交通要塞的港口，一开始均以转口和加工贸易为主，随着全球航运中心的转移和全球海运量的持续走低，一些著名港口走向衰落或转型，而一些港口则抓住机遇进行产业升级和产城融合，保持了持续的竞争力。

全球自由贸易港在功能定位上主要包括三种模式。第一种是以美国纽约港、巴拿马科隆港和荷兰鹿特丹港为代表的港口工业模式，这种港口以进出口贸易起家，后逐渐发展为综合型港口。第二种是以迪拜港为代表的"1+N"模式。具体体现在港口与机场联动，并在港口附近设置数个功能不同的园区，如媒体城、金融城、互联网城。第三种模式是以韩国釜山、中国香港和新加坡为代表的东南亚"港－产－城"模式。这种模式体现在港口和城市融为一体，甚至全域均为自由贸易区。见表3－1。

表3－1　全球典型自由贸易港的功能定位及其演进

| 代　表 | 成立时间 | 区　位 | 功能定位 |
|---|---|---|---|
| 美国纽约港 | 1979年 | 美国东北部纽约州，濒临大西洋西北侧 | 综合型港口。美国第三大集装箱港、美国出口废金属的最大港口。以综合性为主，以转口和进出口贸易为主的自由贸易区和以出口加工为主的自贸区开始融合，功能趋向综合化。纽约自由贸易区包括9个活跃的子区域：制造业、制药业、石油产品、特种化学品、香水和手表等 |
| 巴拿马科隆港 | 1948年 | 科隆市东北部，巴拿马运河大西洋入海口 | 典型的转口集散型。主要进出口商品为药品、服装鞋袜、电子产品、香水和护肤品。允许企业从事各种商品、制成品、原材料、容器的运入、储存、展出、开包、制造、包装、装配、精制、净化、混合、改型、调配等业务，并带动外资银行及其分支机构40多家 |
| 德国汉堡港 | 1888年 | 地处中欧，途经基尔运河即可到达整个波罗的海地区 | 综合型港口。汉堡港是欧洲发展最快的物流基地，在汉堡约有5700家物流企业。在自由贸易港内有大量的加工企业生产加工咖啡、茶叶、纸张、可可等高附加值产品。临港工业包括航空工业、电子、精密机械与光学仪器、机械制造和化工等高科技产业，并带动港口的金融、通信、保险、维修、旅游等第三产业的发展 |

续上表

| 代　表 | 成立时间 | 区　　位 | 功　能　定　位 |
|---|---|---|---|
| 荷兰鹿特丹港 | — | 地处莱茵河和马斯河汇合处 | 保税仓储物流型。欧洲最重要的石油、化学品、集装箱、铁矿、事务和金属的运输港口 |
| 韩国釜山港 | 2003年 | 欧亚大陆横穿列车的终点站和始发站，是通向太平洋、印度洋和大西洋的东北亚关口 | 转口集散型港口。目标是发展成为东北亚商业中心，分区域发展港湾物流产业、观光休闲产业、教育与医疗产业 |
| 中国香港港 | 1841年 | 位于中国珠江河口、南邻东南亚、东临太平洋、西通印度洋，处于欧洲、非洲和南亚通向东南亚的航运要道 | 全域性综合型。集金融、贸易、工业、旅游、信息等产业于一体的综合性全域性自由贸易港 |
| 新加坡裕廊海港 | 1969年 | 位于新加坡岛西部、裕廊工业区南岸，此港扼太平洋及印度洋之间的航运要道 | 转口贸易为主、加工为辅的综合型自由贸易港，是亚洲最大的散装货运港。具备中转和储备功能、展示和交易功能、调整和加工功能 |

# 第三节　全球自由贸易港的组织架构

　　全球成熟的自由贸易港都建立了灵活高效的政府管理制度。一国多区的国家通常设有专门的宏观管理机构，负责对全国各地的自由贸易区进行设区审批、监督、检查和协调管理；而一国一区的国家主要通过授权地方管理机构的方式进行直接管理，不设专门宏观管理机构。自由贸易区的具体管理由政府授权专门机构负责，可以是政府、法定机构或公司。见表3-2。

**表3-2 全球自由贸易港的管理机构设置**

| 代　　表 | 具　体　做　法 |
|---|---|
| 美国纽约港 | *对外贸易区委员会。设立在联邦政府的商务部，是宏观层面的专门管理机构，商务部部长兼任委员会主席和执行官，财政部部长为委员会成员。该委员会是美国政府管理自由贸易区事务的最高机构。主要职责包括：① 制定自由贸易区的管理规则；② 审查批准各州自由贸易区的设立；③ 检查调查自由贸易区运作情况及决定注销或撤销自由贸易区。委员会的主要管理官员为执行秘书，由担任主席的商务部部长任命。对外贸易委员会每个财政年度必须向美国国会提交一份执行秘书报告，系统陈述当年自由贸易区管理和发展情况<br>*纽约-新泽西港务局。纽约港自由贸易区层面的管理机构。它是地跨两州的管理机构，总部设在纽约，管辖纽约市附近所有港口和机场，连接纽约和新泽西的桥梁隧道以及两地之间运营的地铁和公交。其中董事会中12名董事由纽约和新泽西两州各任命一半。法律上独立于两州，拥有自己的警察执法力量 |
| 德国汉堡港 | *汉堡港务局。汉堡自由贸易港管理体制经历了由州政府直接管理到授权汉堡港务局代为管理的转变。2005年10月，汉堡港务局成立，在汉堡州政府授权下专门负责管理和协调自由贸易区的整体事务，包括对港口设施的更新和维护，并设立"汉堡港口和仓储有限公司"，代行政府管理的大部分职能 |
| 迪拜杰贝阿里港 | *迪拜相关政府部门。负责自由区内基础设施投资建设（主要包括交通和信息基础设施等），区内空地出让，向投资者出让建成的办公室、厂房和仓库等<br>*杰贝阿里自由区管理局。园区层面的管理机构，管理局主席由迪拜酋长任命，主席任命总执行官及执行机构负责人。管理局承担自由区全部的招商、服务和管理工作，直接向投资者颁发营业执照，提供行政管理、工程、能量供应和投资咨询等各种服务 |

续上表

| 代　　表 | 具　体　做　法 |
|---|---|
| 新加坡裕廊港 | \*财政部。宏观层面管理由财政部负责，根据地区发展需要设立自由贸易区，并规定自由贸易区的名称、申请者、区域、设置目的、主要功能、征税和非征税对象、奖励条件等。财政部部长可以依法（1969年颁布的自由贸易区法案）制定某单位或公司作为自由贸易区的主管或经营机构<br>\*财务部所属的贸易发展局。主管自由贸易区进出口贸易、保税仓库业务及经济活动的调控<br>\*港务局。负责自由贸易区的基础设施建设<br>\*自由贸易区主管或经营机构。由财政部部长授权设立，履行从开发到经营管理的职责。可以是法人实体、政府部门或企业。目前，新加坡7个自由贸易区的主管机构分别为新加坡国际港务集团、新加坡民航局和裕廊管理公司。新加坡民航局主管樟宜机场自由贸易区，裕廊管理公司主管裕廊港口自由贸易区，其余5个自由贸易区均由新加坡国际港务集团掌管经营 |

# 第四节　全球自由贸易港的监管模式

## 一、全球自由贸易港的投资便利化制度安排

全球自由贸易港普遍采取开放宽松的外资准入政策。一是允许外商投资的领域范围广，特别是很多国家或地区率先在区内放开一些服务业领域的投资准入。二是投资相关限制少。在投资程序上，不需要政府审批和核准，只要在相关部门登记备案即可。不仅港区内投资自由，港区内企业向外投资也相对自由便捷，对外资股权限制亦较少。三是外资实行国民待遇。见表3-3。

表 3-3　全球自由贸易港投资管理制度创新的经验

| 代　表 | 开放与限制 | 具 体 做 法 |
|---|---|---|
| 美国纽约港 | 开放领域 | 负面清单以外的领域均对外开放 |
| | 限制 | 以负面清单保留部分领域或行业不对外资开放：① 明确禁止领域，如国内航空运输；② 严格限制领域，如传媒和通信领域；③ 有选择限制领域，如修筑铁路；④ 特殊限制领域，如水电领域 |
| 韩国釜山港 | 开放领域 | 对大部分领域进行开放 |
| | 限制 | ① 金融服务：对跨境金融服务存在限制；② 文化娱乐服务：实施电影配额制；③ 基础电信：外资持股比例不得超过49% |
| 新加坡裕廊港 | 开放领域 | ① 完全开放商业、外贸、租赁、直销广告、电信市场；② 除与国防有关的某些行业外，对外资运作不做任何限制 |
| | 限制 | ① 禁止限制外资银行进入本地零售业务市场，限制外资银行对本地银行的持股比例；② 新闻业外资出资比例不得超过30%，广播业不得超过49% |
| 中国香港港 | 开放领域 | 除需要受到政府监管的行业以外，境外资本可以在其余所有行业投资，并拥有100%的股权 |
| | 限制 | 在金融、电信、公共运输、共用设施及部分大众媒体等监管行业外资控股权不能超过49% |

# 二、全球自由贸易港的贸易便利化制度安排

为提高境外与自由贸易区之间货物进出口岸的效率，国际通行做法是不需要履行报关手续。境外货物可以不受海关的监管而自由进出港区，港区内货物也可以不受海关监管而自由运出境外。伴随经济全球化和全球产业服务化的发展，服务贸易的领域和空间不断拓展延伸。全球自由贸易港在进出口贸易、转口贸易的基础上，开始向服务贸易领域延伸拓展，但自由贸易港区的服

务贸易便利化制度安排相对缺乏。见表3-4。

表3-4 全球自由贸易港促进贸易便利化的创新经验

| 代 表 | 运作模式 | 具 体 做 法 |
|---|---|---|
| 美国纽约港 | 对外贸易区 | 外国商品如果不仅让海关关区内用于国内消费，不需要执行正常的进口报关程序和支付关税；货物从对外贸易区进入美国关税区之前要求填报入库表，可以在货物进入关税区10天后才缴纳关税 |
| 德国汉堡港 | 自由贸易港 | 凡是进出或转运货物在自由贸易港装卸、转船和储存不受海关的任何限制，货物进出不要求每批立刻申报与查验，甚至45天之内转口的货物无须记录 |
| 荷兰鹿特丹港 | 保税仓库 | 货物从港区的一个保税仓库运往另一个保税仓库无须清关，货物从港区保税仓库运往内陆腹地的保税仓库无须清关 |
| 中国香港港 | 自由贸易港市 | 海关依据本身经验判断货主过去的通关记录、外部情报等，对通关货物进行抽验而不是全部查验 |
| 新加坡港 | 自由贸易港市 | 进口产品一般没有配额限制，大部分货物无须许可证即可免税进口 |

## 三、全球自由贸易港的金融放开制度安排

全球自由贸易港普遍采取宽松、自由、开放的外汇管理和金融政策。一是宽松的外汇关政策。中国香港港、新加坡港、汉堡港等都体出现所在国家和地区的金融自由化政策，均无任何形式的外汇管制，外汇可自由兑换。二是资金自由进出政策。中国香港、新加坡港资金进出没有任何限制，外汇、各种形式的合法收入都可以自由进出。三是离岸金融业务广泛开展，亚洲、拉美、中东等一些综合型自由贸易区转变离岸金融中心。见表3-5。

表3-5 全球自由贸易港金融放开的制度安排

| 巴拿马港 | 对外国银行给予各种优惠条件，外币可自由流通和出入 |
|---|---|
| 汉堡港 | ① 实行货币自由兑换制，不存在任何形式的外汇管制，企业和个人可以自由持有和买卖外汇；② 对企业或个人的外汇汇出没有限制 |
| 德国迪拜港 | 无外汇限制，资金进出自由 |
| 新加坡港 | ① 实行宽松、自由、开放的货币兑换和外汇管理制度；② 全面取消外汇管制 |
| 中国香港港 | ① 外汇兑换自由，全面取消外汇管制；② 资金进出没有限制，股利、专利权费、利息等得到的利润和其他收入，可以自由地转移到境外 |

# 四、全球自由贸易港的税收制度安排

全球自由贸易港普遍采取具有竞争力的税收制度。一是实施比区域外更低的税率。除去关税豁免之外，全球自由贸易区或自由贸易港城市还普遍在企业所得税、个人所得税、营业税、增值税、消费税等方面给予免税、减税、降低税率、退税等税收优惠，因此，区域税率水平要低于区外。二是重点领域实施更加优惠的税率。中国香港、新加坡等自由贸易港城市通常对重点发展的高端航运、金融、专业服务等领域和重点吸引力跨国公司总部、运营中心等功能性机构，进一步实行更为优惠的税收支持。见表3-6。

表3-6 全球自由贸易港税收制度安排

| 代　　表 | 具体做法 |
|---|---|
| 美国纽约港 | ① 一般货物免关税，但生产设备进区必须缴纳进口税；② 区内货物免征地方税；③ 区内加工制造产品其增值部分不纳税，进口货物和为出口目的而保存于区内的货物，无论出于原始形态或经一定处理改变形态的，均免征州和当地的从量税 |
| 巴拿马科隆港 | ① 境外货物进入贸易区或从区内出境，免进出口税，货物销售对巴拿马运河区或过境船只，视为出口，免税；② 区内公司所得税采用累进制，税率为2.5%～8.5%，两年内免利润所得税，若雇用巴拿马籍员工，再给予减免0.5%～1.5%所得税的优惠；③ 源于境外的股息、区内商品销售免税，投资税、地方市政税豁免 |

续上表

| 代　　表 | 具　体　做　法 |
|---|---|
| 中国香港港 | 公司税16.5%，所得税15%，无增值税和一般销售税；离岸收入、股息、资本增益、存放在认可机构的存款利息收入无须课税 |
| 新加坡裕廊港 | 公司税最高税率为17%，所得税税率最高为20%，增值税为7%，资本增值税无须课税；某些为见面的收入、航运业务收入、新加坡股息、外国投资者所得、某些基金的订明收入和资本增益无须课税 |

## 五、全球自由贸易港的法治化制度安排

西方发达国家根据自由贸易区立法，宣布或批准某些区域成为自由贸易港，法律明确规定了自由贸易港的区域性质和法律地位，以保障自由贸易港各项政策的稳定性，保障投资者的合法权益。立法内容包括园区的定位、功能、管理体制、优惠政策、监管制度，并成立一个专门的发展公司来管理该区的开发建设，或者成立一个地区开发管理机构来担任开发工作。地方政府可以制定与自由贸易区法相应的方案、条例、实施细则等地方性法规。根据管理体制的差异，自贸试验区行政管理一般可以分为两种模式。见表3-7。

表3-7　全球自由贸易港法治化发展经验

| 国　　家 | 法律法规 | 基　本　内　容 |
|---|---|---|
| 美国 | 对外贸易区法案 | 规定了自由贸易区的功能，建立和扩建自由贸易区的程序，外国商品进入、处理、运输至海关领地和转运至区内所涉及的相关事项，不受海关法限制的物品和商品的鉴定，州法律的适用性，海关官员、警卫、船自由贸易区及近海贸易的相关规定等多方面 |
| 美国 | 美国对外贸易区委员会通行条例 | 规定美国对外贸易区的一般管理条例及办事程序和规则 |
| 新加坡 | 自由贸易区法 | 全面规定了自由贸易区的管理体制、运作模式等各方面操作规则 |

## 六、全球自由贸易港的海关监管经验

全球自由贸易港的海关监管以便利高效为导向。一是"境内关外",为提高境外与自由贸易区之间货物进出口岸的效率,国际通行的做法是不需要履行报关手续,境外货物可以不受海关监管地自由进入自由贸易区,区内货物也可以不受海关监管地自由运出境外。二是"港区联动",自由贸易区实行海港、空港与保税区之间的多元联动、一体化运作。三是信息化管理,通过多政府职能部门的整合,以"一站式"电子通关系统处理企业业务申报、数据传输、资料处理、核准作业流程及回执接受等功能,通关效率显著提升,成本显著下降。见表3-8。

表3-8 全球自由贸易港的海关监管模式

| 代 表 | 运作模式 | 海 关 监 管 |
| --- | --- | --- |
| 美国纽约港 | 对外贸易区 | 外国商品如何不进入海关关区内用于国内消费,不需要执行正常的进出口保关程序和支付关税;货物从对外贸易区进入美国关税区之前要求填报入库表,可以在货物进入关税区10天后才缴纳关税 |
| 德国汉堡港 | 自由贸易港 | 凡是进出或转运货物在自由贸易港装卸、转船和储存不受海关的任何限制,货物进出不要求每批立即申报与查,甚至45天之内转口的货物无须记录 |
| 荷兰鹿特丹港 | 保税仓库 | 货物从港区的一个保税仓库运往另一个保税仓库无须清关,货物从港区保税仓库运往内陆腹地的保税仓库无须清关 |
| 中国香港港 | 自由贸易港市 | 海关以依据本身经验判断货主过去的通关记录、外部情报等,对通关货物进行抽检而不是全部查验 |
| 新加坡港 | 自由贸易港市 | 进口产品一般没有配额限制,大部分货物无须许可证即可免税进口 |

## 第五节 全球自由贸易港的"港-城"融合经验

西方学者对"港-城"关系的研究历时半个世纪,呈现出明显的阶段性。20世纪80—90年代西方"港-城"面临着从工业化步入后工业化的功能转型,研究热点从临港工业转向了滨水区的开发。这种研究的转变实质是经济转型期的"港-城"职能关系及空间关系的重构:工业港口衰退、振兴"港-城"服务经济、混合开发滨海空间。不同于Hoyle等西方学者总结的"港-城"关系的五阶段论——初始、空间扩张、工业开发、港区衰退、滨水区再开发,Sung-Woo Lee等学者依据中国香港和新加坡实例提出了"港-城"职能一直协调互动的亚洲联动模式（Asian consolidation model）。根据Hoyle和Murphey提出的西方"港-城"关系的演进阶段论,"港-城"的空间关系和职能关系普遍经历了从临港工业推动的"港-城"一体化发展,到工业经济转型期的"港-城"空间分离及职能分离,再到20世纪90年代的滨水区的再开发。与西方的"港-城"分离形成鲜明对比的是,虽然新加坡也历经了多次港口和经济转型,其"港-城"关系最终走向了深度化和网络化发展的新阶段。如图3-1、图3-2、图3-3分别代表了西方自由贸易港和新加坡自由贸易港的"港-城"联动发展过程。

基于自由贸易港的"港-城"融合模式,主要是历史悠久的自由贸易港扩大腹地的产业类型,以及引入综合性的商业配套。有的国家甚至把"港区与周边城市"进行整体的经济区发展规划,如韩国釜山。有的是全域性的自由贸易港,如中国香港就是将港口和城市融为一体。对比之,新加坡则以海港和空港作为主要依托,发展周边镇区,并特别注重人居与环保绿化。见表3-9。

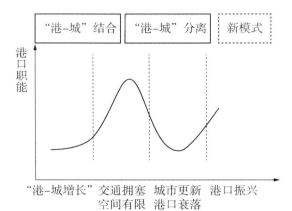

图 3-1 西方"港-城"演变理论

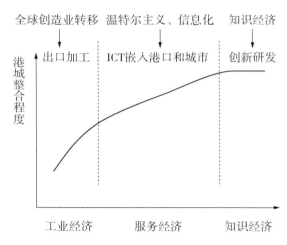

图 3-2 新加坡"港-城"演变理论

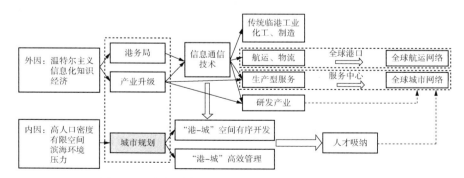

图 3-3 新加坡自由贸易港的"港-城"融合模式

表3-9 国际自由贸易港"港-城"融合的经验

| 代　　表 | 港城融合的做法 |
|---|---|
| 德国汉堡港 | 利用 Grasbrook 和 Baakenhafen 港之间 1.55 平方千米被废弃的码头区进行 25 年的规划建设，使汉堡市中心向南拓宽 40%，创造一个具有居住、商务、休闲、购物、教育、文化和旅游多重功能的中央商务区。港口新城将提供 180 万平方米的建筑设施，包括 5500 套新式公寓，满足 12000 人的居住需求；同时发展媒体、数字和商务咨询产业，创造 40000 个新的工作机会；并打造汉堡最具魅力的旅游目的点，每年吸引游客 1800 万人次 |
| 荷兰鹿特丹港 | 鹿特丹作为重要的国际贸易中心和工业基地，在港区内实行"比自由贸易港还自由"的政策，是一个典型的港城一体化的国际城市。拥有大约 3500 家国际贸易公司，拥有一条包括炼油、石油化工、船舶修造、港口机械、食品等部门的临海沿河工业带 |
| 韩国釜山港 | 依托釜山新港，由新港湾、熊东、头洞、南门、鸣旨 5 个区域组成，产业区域组成大致为物流流通区、商务居住区、海洋运动娱乐休闲区、专业教育、R&D 区、知识产业区等。其目标是到 2020 年定居人口达到 24 万，未来将建成尖端产业及物流、国际商务、观光休闲产业相协调的有创意性的新都市 |
| 中国香港港 | 香港自由贸易港已经从单一的转口港发展成为包括多样化服务产业并举的综合型自由贸易港。一是由于香港港具有自由口岸的功能，可以带动中转贸易、海事补给和船舶修理等相关港口物流业的发展；二是由于港内免征商品税，可以充分发展免税出口工业，起到出口加工区的功效；三是它免征商品的进口关税，能形成价格低廉的国际购物中心，从而带动国际贸易和国际旅游业的发展，以及带动周边房地产、金融、商贸等全面发展 |
| 新加坡裕廊港 | 第一，规划环保化，石化工业安置于独立、封闭、环保、安全的裕廊石化人工岛；第二，技术高端化，采用一体化的生产体系和后勤服务以节约资源和空间，比如公司可节省 25%~30% 的投资成本和 10%~15% 的后勤费用；第三，产业集群化，通过链接上下游产品的一体化的"化工产业集群"。此外，新加坡还积极改良了空间开发的准入标准，妥善解决了临港空间的赢利性与城市空间的公益性（生态、公平等非市场价值）之间的先天冲突。例如，以环境影响作为地块用途开发的门槛，鼓励滨海空间的混合用途开发，既实现了环保控制，又利于地块用途对市场需求的弹性响应，比如"白色区域"（无污染区）的混合开发理念 |

# 第四章 "转口贸易"型自由贸易港的建设经验

## 第一节 巴拿马科隆自由贸易港的建设经验

巴拿马共和国（The Republic of Panama）位于中美洲最南端，东临加勒比海，西濒太平洋。连接大西洋及太平洋的巴拿马运河位于国家的中央，有着"黄金水道"的美誉，全球每年近6%的贸易运输从此通过。巴拿马经济三大支柱即运河、金融业以及巴拿马自由贸易港。这里拥有西半球最大的自由贸易港——巴拿马科隆自由贸易港（Cristobal 是其外港）。科隆是巴拿马的第一大城，也是仅次于新加坡、中国香港的第三大自由贸易城市。

外国企业和公司在科隆港可以自由地进行转口业务，将商品在区内加工、制造，然后免税输出。科隆港主要出口货物为香蕉、蔗糖、咖啡、海虾及石油产品等，主要进口货物有食品、石油、机械、运输设备及工业品等。科隆港目前已与世界上120多个国家和地区有贸易往来，中国是科隆港最大的供货国，是经过巴拿马运河的第二大货物来源国和第二大货物目的国，也是仅次于美国的巴拿马运河的第二大客户。

## 一、科隆自由贸易港的概况

### (一) 设立背景

20世纪中期,经济全球化的趋势初现端倪,科技革命逐步深入,国际商业合作与竞争发展势头迅猛——发达国家需要向外转移,发展中国家需要产业升级。在这种国际环境中,一部分濒临海洋、有着天然港口的国家和城市牢牢把握机遇,积极建立和发展自由贸易区,在国际商贸往来中扮演起重要的"中转站"角色,巴拿马共和国就是其中之一。巴拿马运河赋予巴拿马得天独厚的海运优势。1914年,由美国主建的巴拿马运河开始通航,它横穿巴拿马地峡,连接太平洋和大西洋,是重要的航运要道,也被誉为世界七大工程奇迹之一。1953年,科隆自由贸易区正式投入运营。科隆(Colon)是巴拿马的第二大城市,仅次于巴拿马首都巴拿马城,科隆自由贸易区位于科隆市东北部,初期建区面积为0.49平方千米。它是西半球最大的自由贸易区,与迈阿密(Miami)并列为中南美洲转口中心,同时也是全球第二大转口站,仅次于中国香港。

### (二) 发展历程

**1. 20世纪50年代—20世纪80年代初:繁荣到衰败**

巴拿马虽然地理位置优越,但国土面积有限,国内市场十分狭小。因此,科隆港在投入运营的前期一直采用转口贸易运营模式,当地贸易公司从世界各国进口商品,然后再以批发销售方式把商品出口到拉丁美洲和加勒比地区,主要有墨西哥、巴西、阿根廷、智利等国家。由于市场需求量大,科隆港的仓储能力又极其有限,因此,货物进港之后可以很快转手,科隆港商贾往来十分繁荣。但20世纪70年代末,科隆港的发展遭遇重挫。首要原因在于巴拿马国内外政治环境恶化。巴拿马国内政治斗争激烈,美国对其进行了政治和军事上的干预以及经济上的制裁，这些严重干扰了科隆港的正常经济秩序。其次，科隆港丧失了"中转站"的核心战略地位。来自墨西哥、巴西、智利等周边国家的商人在长久的贸易往来中，逐渐与商品原产国客户建立了稳定的、直接的沟通渠道，并且各国也在积极筹建自己的自由贸易港，科隆港的中转贸易份额大大缩减。最后，巴拿马内部贫富差距严重，在自由贸易区工作的人的人均收入远远高出其他地区人的收入，国内矛盾日益加剧。巴拿马政府面临着严峻的经济形势，世界银行数据显示，自20世纪70年代政府外债一直呈增长趋势，最高短期外债达44%，经济振兴迫在眉睫。

2. 20世纪80年代中期—20世纪末：自救与重生

1983年，科隆港的贸易进出口总额下降到了26亿美元，这一数字只占到两年前贸易进出口总额的60%。为了重现往日的繁荣，科隆港积极转变发展模式，其最大的特点是增加了商品零售业务。由于自由贸易区的税收政策优惠，零售的商品在价格上具有相当大的优势，不仅大型商品可以进行零售，许多服饰、香水、香烟等物品也可以零售，在吸引客户的同时无疑也拉动了旅游业的增长。此外，巴拿马政府制订了"马基拉计划"，该计划主要针对加勒比和中美洲国家提供条件内的免税进口优惠，并鼓励其他国家来巴拿马投资加工制造业。只需要获得巴拿马当地的生产证明，该公司就能够免税进入自由贸易区外市场。这项开放程度相当高的举措为巴拿马吸引了来自全世界的巨额投资，进出口贸易总额不断增加，见图4-1，科隆港迎来了新的发展。

3. 21世纪以来：合作与共赢

21世纪，科隆港除发挥免税货物转口贸易以及物流仓储服务之外，还顺应经济全球化形势，灵活地发展运输、通信、金融、保险、房地产、旅游和其他服务业。随着产业类型的不断丰富，科隆自由贸易区的经营方式更加多元，仓储功能也更加完善，区内商铺林立。科隆港官方网站公布了2001—2016年的财务报告，上面醒目地写着"Jahr für Jahr gute Ergebnisse"，意为

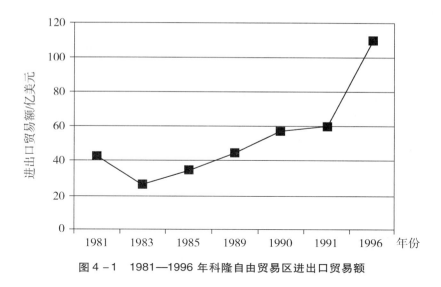

图 4-1 1981—1996 年科隆自由贸易区进出口贸易额

"年复一年的好成绩"。

尽管科隆港是继中国香港港之后世界上最繁荣的港口，但 2008 年的金融危机也对其造成了不小的冲击，科隆港的运营体制已经成熟，难以通过自身改革贡献新的经济增长率，巴拿马政府积极寻求海内外国家更深层次的合作。2017 年 6 月 13 日，中国与巴拿马建交。巴拿马政府积极响应中国"一带一路"倡议，希望在运河、基础设施项目、港口和航线以及从巴拿马城到与哥斯达黎加接壤处的铁路运输项目等方面与中国展开合作。此外，巴拿马运河的扩建以及南美经济一体化的发展思路，也为科隆港带来新的发展机遇。

（三）发展现状

1. 港口建设状况

目前，科隆港占地近 8 平方千米（其中 4.5 平方千米在用，其余超过 3 平方千米处于开发阶段），拥有注册公司 3062 家（2012 年，下同），雇员 32813 人，占科隆市就业人口很大比例。此外，还建成了 5 个大型码头和一个国际机场，进出口和转口贸易额达数百亿美元，经济活动创造价值约占巴拿马 GDP 的 7%，在巴拿马经济社会格局中占据重要地位。2016年2月，我国山东岚桥集团收购了巴拿马科隆集装箱港口预应力钢筒混凝土管（prestressed concrete cylinder pipe，PCCP）项目，该港口建成后，将拥有4个超巴拿马级集装箱船的专用泊位，预计年吞吐量250万标准箱，将成为巴拿马和拉美地区最大港口，也将是巴拿马唯一可停靠超巴拿马级集装箱船的港口。该项目将会为当地创造2000个就业岗位，包括施工建设期间的800个工作岗位和建成运营后的1200个工作岗位。

2. 商品贸易状况

从科隆港转口最多的产品为服装、鞋类、电子、药品、香水、化妆品、酒类、香烟、纺织品、床上用品、日用针织品和高级珠宝。这些产品来自中国内地、中国香港、中国台湾、日本和美国。科隆港所做的就是从亚洲、美国、欧洲进口产品，然后转口到拉美。例如，米兰国际是一家坐落在科隆港的公司，主营业务就是从法国进口香奈儿香水，之后转口销往哥伦比亚。

科隆自由贸易区内转口商通常属偏中、大型，进口量大，主要为亚洲商品，强调低价；其供货来源主要为中国内地（含香港，29.5%）、中国台湾（11.3%）、美国（9.7%）、日本（7.1%）、意大利（4.9%）、韩国（3.8%）；出口市场主要为委内瑞拉、哥伦比亚、厄瓜多尔、巴拿马、危地马拉、墨西哥、哥斯达黎加、美国、古巴、巴西等，科隆港的营运成本只有迈阿密的1/4。

优越的地理位置以及当地政府的优惠政策，现在科隆港的年贸易额已经超过50亿美元，转口贸易额近百亿美元。2006年科隆港的全年贸易总额首次突破140亿美元大关，达到145.6亿美元，其中进口与转口贸易额分别为70.4亿美元和75.2亿美元。2012年科隆港的全年贸易总额达291.65亿美元。

但近几年科隆港的经营状况不佳，贸易额增长率遭遇连续下滑。和其他20世纪90年代拉丁美洲兴起的出口加工区以及波多黎各这类真正的现代物流中心不同的是，科隆港除货物转口贸易与物流服务外,在货物附加值上提供的服务相对较少。南美洲的大量商户需求是科隆港得以运转的主要动力。数据显示,这一区域的客户非常集中,大部分从科隆港出口商品的目的地为拉丁美洲国家,尤以靠近安第斯山脉的哥伦比亚、厄瓜多尔以及委内瑞拉为主。相对单一集中的商业模式,造成科隆港在全球贸易中易受宏观经济影响的被动局面。不过,近年科隆港开始出现贸易复苏迹象,尤其是巴拿马政府与中国建交之后,科隆港即将迎来新的经济增长机遇。

## 二、科隆自由贸易港的功能定位

科隆港业务仍然以转口贸易为主。允许企业从事各种商品、制成品、原材料、容器的运入、储存、展出、开包、制造、包装、分装、装配、精制、净化、混合、改型、调配等业务。科隆自由贸易区为外国公司从事进出口和其他业务提供了诸多方便,还建有数十座仓库可供外商租用。但自由贸易区内不准居住,没有特许证件的车辆和个人不准进入区内;自由贸易区内的价格是免税出口价格,而自由贸易区以外的价格是内销价格加税和其他费用以后的价格,内、外销价格必须严格划断;任何车辆或个人从自由贸易区外出,海关有权随时检查。目前,自由贸易区采用围墙围圈的方式同国内市场隔离。

## 三、科隆自由贸易港的运营模式

### (一) 科隆自由贸易港的行政架构

科隆自由贸易区海关办事机构的主要职责是监管进出口货物通道,不干预自由贸易区内货物的正常经营活动,并且自由贸易区的进出口手续简便快捷,通关效率很高,简便到甚至只需要填写一张表格。此外,科隆自由贸易区采取"政府管理"模式,见

图4-2。由中央某个部或者由几个部组成一个管委会,并由总统直接任命一个理事会负责有关事务,这种做法大大提高了自由贸易区的办事效率,新太平洋自由贸易区也采用了同样的模式。

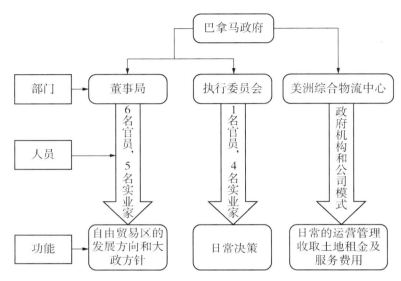

图4-2 科隆自由贸易区的"政府管理"模式

(二)科隆自由贸易港的投资政策

任何自然人或法人均可在科隆自由贸易区注册,不需要营业执照也没有最低投资要求,但需要提交社会契约、银行和公司业务介绍、税务记录、企业专利等文件,并获得自由贸易区管委会许可。在自由贸易区经营需雇用至少5名巴拿马人,进口货物的60%以上要转口。企业被批准在科隆自由贸易区经营后,需采用以下方式经营:

(1)租赁土地。可申请租赁自由贸易区管委会管理的土地,租期可达20年,并在租地上建设新的办公室等设施。

(2)租赁房屋。公司可在区内租赁房屋或办公室开始运营。

(3)签订代表协议。公司可以与现有的公司签订代理协议,代理公司可受托代理处理公司货物,代理协议需经自由贸易区管委会批准，且必须满足60%以上货物再出口的规定。

（4）租用公共仓库。这些货物需由自由贸易区管委会制定的机构进行检查。

## 四、科隆自由贸易港的税收优惠政策

国家的税务优惠政策与其经济发展实力有很大关系。对于市场经济相对成熟的发达国家，其总体经济实力较强，对外国投资的依赖性较弱，因此，实施的税收优惠政策就相对较少；而对于巴拿马这样的发展中国家，国家总体经济实力较弱，对外部经济的依赖性很大，因此，为了吸引更多的外商投资，巴拿马政府在科隆自由贸易区内实行极具吸引力的税收优惠政策。

### （一）针对货品流转的税收优惠政策

科隆自由贸易区内货物进口自由，无配额限制，不缴纳进口税；货物转口自由，也不用缴税。此外，设在自由贸易区内的企业，其产品向美国和欧洲出口不受配额限制并享受优惠关税。

### （二）针对设立企业的税收优惠政策

巴拿马当地公司所得税平均为30%～40%，但在科隆自由贸易区内，企业经营只需要缴纳税率为2%～5%的所得税（实际执行可能稍有出入），形成了鲜明的对比；资本税为每年年底按资本（即资产－负债）的1%的费用缴纳；若向股东分红派息，则须由公司代扣5%的股息税。

根据我国驻巴拿马大使馆经济商务参赞处发布的内容显示，在科隆自由贸易区内，企业经营的成本主要包括：

（1）所得税。税率为2%～5%（实际执行可能稍有出入）。

（2）资本税。每年年底按资本（即资产－负债）的1%缴纳资本税。

（3）股息税。若向股东分红派息则须由公司代扣5%的股息税。

（4）每年 5000 美元（公司和代表处）或 2500 美元（租用公共仓库）的运营管理费。

（5）每年 2400 美元的许可证费。

（6）其他如租赁土地或店面的租赁费、安保和垃圾处理等费用。

## 五、科隆自由贸易港的建设经验

通过梳理科隆港的发展历程以及发展现状可以发现，要想让一座港口发挥它的最大功能、开发出更多经济价值，区位、管理、政策、机遇、环境等元素缺一不可。我国和巴拿马同属于发展中国家，在新时代都希望牢牢把握机遇，实现本国经济水平更高程度地增长，巴拿马的港口建设经验对于我国海南岛等港口开发十分具有借鉴意义。

（一）把握机遇，灵活调整运营策略

迄今为止，巴拿马运河已通航 100 多年。科隆港充分借力，首先发扬自己天然的区位优势，依靠运河带来的货流量实现最初的繁荣。近几年巴拿马运河的扩建又给科隆自由贸易区带来了新的增长机遇。

在贸易类型上，科隆港始终以转口贸易为主，主打价格低廉的亚洲商品。巴拿马处在中美洲最南端，与美洲许多国家海运便捷，价格低廉的商品为科隆港打开巨大的美洲市场。面对来自墨西哥、智利甚至本国其他港口的竞争，以及国际经济形势的变动，科隆港做出快速反应，在转口贸易之外，开放免税商铺，增加客流量；巴拿马政府还吸取了美国"加勒比海盆地振兴法"的经验，结合本国实际，拟订了奖励投资的计划。现在，科隆港又可以借助"一带一路"这个平台，实现新的经济增长。

## (二) 招商引资，制定优惠税收政策

科隆港的税收政策十分具有吸引力，只需缴纳所得税、资本税、股息税等，除了具备税种比较少的优势之外，税点也比较低。因此，税收政策成为吸引大批商人在巴拿马投资建设的重要原因。

在科隆自由贸易区开办企业不仅能享受更多的优惠政策，而且还有更加完善的法律保障。为了保障科隆港的发展，巴拿马政府制定了一系列法律制度以及激励措施，如《内销及外销工业奖励法》（1986年3月颁布）、《加工区设立及营运特别法》（1992年11月颁布）、《观光事业投资奖励法》（1994年6月颁布）、《普遍化优惠奖励法》（1995年6月颁布）、《外国人投资保护法》（1998年7月颁布），与此配套的还有一系列优惠措施。

需要提到的是，巴拿马的合法货币是美元，其本国货币巴波亚仅作为辅币，是世界上少有的无本国货币的国家之一。因此，贸易结算一般使用美元。在巴拿马的银行存款无须纳税，无外汇管制，利润汇出汇入自由，这也为投资者创造了极大的便利。

## (三) 扩大开放，降低企业准入门槛

科隆港的开放程度一向很高。为吸引投资，增加货流，科隆自由贸易区针对企业入驻，在政策上的准入门槛很低。这体现在任何自然人或法人均可在科隆自由贸易区注册，不需要营业执照也没有最低投资要求。除了必要的文件外，特别注明的是：需要雇用至少5名巴拿马人。这项举措旨在为巴拿马人民提供更多的就业机会，缓解贫富不均的情况。

巴拿马政府设立的科隆自由贸易区理事会作为自由贸易区管理机构，在自由贸易区内实行高度的自治管理。理事会通常由一名政府官员和几名实业家组成，负责自由贸易区内部日常决策，理事会还拥有较大的豁免权。简明高效的管理和宽松的投资环境，给了外资企业极大的投资空间和自主性，让科隆自由贸易区

内的经贸往来充满活力。

但不可否认，宽松的投资就业环境也容易成为滋生走私、诈骗等经济犯罪的温床。巴拿马政府还需要采取更加行之有效的措施，加强监控，严厉打击科隆自由贸易区里的不法活动。

**参考文献：**

[1] 孟广文，刘函，赵园园，等. 巴拿马科隆自贸区的发展历程及启示 [J]. 地理科学，2017，37（6）：876-884.

[2] 叶慧珏. 巴拿马科隆：传统自贸区的黄昏？[N]. 21世纪经济报道，2014-01-06（35）.

## 第二节 澳大利亚达尔文自由贸易港的建设经验

达尔文港（Darwin Port）位于澳大利亚北领地首府达尔文市，是一座与城市一起发展成长的仓储物流型港口。同时，达尔文港是澳大利亚北部阿拉弗拉·帝汶海地区的主要航运港口，它提供了一个连接亚洲市场的主要交通枢纽，被誉为澳大利亚的"北方门户"。经过多年的发展，尤其是近20年的大力投资建设，达尔文港成为连接澳大利亚和东南亚最近的多式联运深水港。早年一直由北领地政府公用事业委员会下属的达尔文港管理局负责管理运营，2015年被中国民营企业岚桥集团收购，获得包括达尔文港土地、附属东臂码头（East Arm Wharf）设施（包括达尔文海事供应基地），以及福特山码头（Fort Hill Wharf）99年的经营权。

### 一、达尔文自由贸易港的概况

#### （一）历史发展

从1934年起，达尔文港就成为澳大利亚和世界其他地方，特别是英国的空中货运和客运的补给港。"二战"后开始进行有序的规划建设，1995年，随着东臂码头的建设，港口设施开始了大规模扩建。2004年，连接达尔文和澳大利亚南部城市阿德莱德的铁路大陆桥建成，达尔文港进入全新的加速发展阶段，逐步成为多式联运的贸易和货物运输集散型港口。2014年，达尔文海洋补给基地在东臂码头建成，巩固了达尔文作为主要海上供应中心的地位。

（二）地理区位与战略定位

从地理区位看，达尔文港具有绝佳的区位优势，其位于澳大利亚和东南亚之间，从达尔文到澳大利亚经济中心悉尼的距离与其到新加坡的距离一样。因此，达尔文港被战略性地定位为澳大利亚离亚洲最近的自然深水港口。随着近10年来，澳大利亚的主要贸易对象从欧美转向亚洲新兴市场，加上澳大利亚南北大陆桥（横穿澳大利亚南北的铁路）修建，达尔文港的区位优势不断凸显，其在澳大利亚和全球经济中的作用得到重新定位。

（三）交通运输与港口建设

1. 交通运输网络

经过当地政府多年的筹划和投资建设，组建起了服务于港口发展的涵盖公路、铁路以及航空的陆空交通运输网络，同时，航空港和火车站紧邻港口，为货物和人员运输中转提供了极大的便利。

（1）公路。国家公路斯图尔特公路连接并横穿澳大利亚南北，直达达尔文港。同时，各有一条主干道连接澳大利亚北部东西两翼，达尔文港恰好处于中心位置。

（2）铁路。2004年连接澳大利亚南部城市阿德莱德与达尔文的铁路大陆桥开通，其中达尔文火车站设置在离港口大约10千米的范围内，码头内还有850米专用的铁路支线。大陆桥的发展使澳大利亚和东南亚的南部市场之间的运输时间减少。

（3）航空港。达尔文国际机场是澳大利亚最繁忙的机场之一，距离达尔文港大约10千米；已开通多条通往澳大利亚国内主要中心城市和亚洲主要贸易伙伴城市的客货运航线。

2. 港口建设

（1）服务范围。达尔文港能提供世界级的领航和港口控制系统以及一个无缝的供应链，能够处理集装箱和一般货物、散装液体、散装材料、活物出口和重型起重货物。达尔文港还服务于位于福特山码头的游轮和海军舰艇。

（2）码头建设。①东臂码头是一个拥有4个泊位、码头岸线长达865米的多用途码头。泊位1和泊位3主要用于一般货物、集装箱、机动车辆和牲畜，泊位2用于散装矿石出口，并有一个铁路装载的干散货船舶装载器，泊位4主要用于散装液体，并有专用的散装液体输送设施。②福特山码头离达尔文市中心商务区仅几分钟车程，码头岸线长300米，其中包括一个客运码头，能有效处理离岸国际旅客业务。同时该码头主要用于巡航、海军舰艇的访问和小型的非货物运输船停泊。

## 二、达尔文自由贸易港的运营与管理模式

达尔文港的运营采取所有权、管理权和控制权相分离的模式。所有权为澳大利亚北领地政府所有，管理权和实际控制权则根据《澳大利亚北领地港口管理法案》（以下简称《法案》）的规定授予符合条件的具体经营人。2015年以前达尔文港由达尔文港口管理局负责运营，该管理局是一家国有控股的股份制企业，隶属于北领地政府公用事业委员会，根据法令和法律赋予的权力和职能对达尔文港进行管理与运营。2015年，中国民营企业岚桥集团斥资23亿元人民币（合计5.06亿澳元）收购了该企业，获得包括达尔文港土地、附属东臂码头设施（包括达尔文海事供应基地），以及福特山码头99年的经营权和实际控制权。此后成立了隶属于该集团的达尔文港运营有限公司，作为达尔文

港唯一指定的港口经营人或承租人。公司依据《法案》和与当地政府签订的相关协议对港口进行日常的管理和运营。

达尔文港运营有限公司的职能定位、监管部门和内部管理架构如下：

1. 公司职能定位

根据《法案》要求，达尔文港运营有限公司作为港口经营人，其主要职能包括：① 建立、管理、维护和经营达尔文港口内的设施和服务，以促进其安全高效运行；② 有效利用指定港口进行贸易，并尽最大努力促进贸易发展、增加贸易额。

2. 外部监管部门

虽然达尔文港的实际管理和运营由岚桥集团旗下的达尔文港运营有限公司全权负责，但达尔文港运营有限公司的经营行为也受到北领地政府监管。具体的日常监管由北领地政府首脑任命的区域港湾主任（regional harbor masters）根据法律履行具体的监管职能，以监督港口经营人是否按照《法案》和协议的有关规定进行运营。

3. 内部管理架构

达尔文港运营有限公司内部主要组建了业务操作部、港口事业发展部、人力财务部、法务部、基础设施部、工程部、环境与安全部7个部门，在首席执行官的统一领导下对达尔文港进行日常管理和运营。见表4-1。

表4-1 达尔文港运营有限公司内设部门与职责分工

| 部门 | 主要职责 |
| --- | --- |
| 首席执行官 | 全面负责公司日常事务，执行集团决议，任免经理人员等 |
| 业务操作部 | 负责海上船只航行的管理与领航事务等 |
| 港口事业发展部 | 负责业务开发、基础设施、客户和投资者的联系 |
| 人力财务部 | 负责财务、信息通信技术、采购和公司人力资源支持 |
| 法务部 | 为公司运营管理、业务开展、合同签订等提供法律顾问 |
| 基础设施部 | 负责货运业务、安全、码头服务和设施维护 |
| 工程部 | 负责港口基本工程项目的规划、建设与管理 |
| 环境与安全部 | 负责港口的环境工程建设、风险监控与管理，保障港区安全 |

## 三、达尔文自由贸易港的服务与税费政策

### (一) 港口服务

达尔文港负责开发和维护港口基础设施,提供重要的商业海事服务,其为过往船舶提供的主要服务包括:货物装卸、地秤服务、燃料供应、岸电连接、港口拖轮、作业船、航运代理以及工人工程服务。此外,达尔文港还提供一系列配套服务,包括淡水、废弃物处理、紧急救助、医疗设施以及船舶清洗与维护。

### (二) 税费政策

达尔文港的收费标准会不断地调整更新,用户可以在其网站上查阅最新的关税信息。具体而言,达尔文港的收费项目包括码头费,港口税,泊位费,海军舰艇费,设备、设施租用和存储费,引航费以及杂项费用。各类收费项目详情见表4-2。

表4-2 达尔文港各类收费项目介绍

| | |
|---|---|
| 码头费 | 用于支付岸上设施和服务,如获得岸上的电力和水、货物清关的储存设施、港口的安全以及整个港口应急管理的协调。其收费方式按照所载货物的数量、体积或重量收费;总体而言,进口的收费标准高于出口的收费标准 |
| 港口税 | 用于船舶在达尔文港、船舶交通服务和航标使用中船运航道的供应和维护费用。港口税按每艘船的总吨位收费,以船舶1000吨位为分界点,分界点以下的船舶按次数收取港口税,以上的船舶按其吨位收取港口税。此外,对于20000吨以上的大型船舶则更加优惠。而对于所有船舶,进口的港口税标准高于出口的标准 |
| 泊位费 | 泊位费是指为装卸货物和旅客而使用泊位的费用。费用由固定费和吨位费组成,所有的码头和浮桥均按一天最低费用收取 |

续上表

| 海军舰艇费 | 对所有军舰免除码头费、停泊税费和港口税。领航、设备租用、废物处理、安全、公用事业和储存按标准关税收费 |
|---|---|
| 设备、设施租用和存储费 | 对港口各类设备、会议设施等的租用以及货物存储费用。各项费用按不同的收费标准进行征收。总体而言，进口的收费标准高于出口的收费标准 |
| 引航费 | 引航费是指船舶在进入和离开达尔文港以及内港行驶时，驾驶船舶到安全靠泊或停泊位置的费用。引航费包括引航员转船费 |
| 杂项费用 | 主要包括基础设施费、燃料费、达尔文港感应使用费、水电费、废物处理费、协助处理溢油及事故管理的专业服务费用、东臂和福特山码头的非港口起重机以及安全费等 |

资料来源：https://www.darwinport.com.au/trade/access-policy-tariffs。

## 四、达尔文自由贸易港的产业与贸易发展

达尔文港在推动北澳经济建设发展方面发挥着关键作用，通过基础设施和服务的战略发展，为众多出口工业部门的增长提供有力支持。达尔文港作为仓储物流型港口，主要为船舶和货物进出口贸易提供服务。其主要的业务在于处理集装箱和一般货物、散装液体、散装材料、牲畜以及超重货物的进出口，同时也能服务于游轮以及海军舰艇，为来自世界各国的船舶提供便利的访问渠道和设施。

传统上，矿物产品、牲畜和石油产品是通过达尔文港出口的主要商品，占港口总出口商品的比例达95%左右。在进口商品方面，石油产品、矿物产品仍然是主要的进口货物，其次则是化学品；近两年，随着与亚洲国家的贸易往来加大，橡胶、轮胎、管的进口经历了从无到有，并逐年递增的发展。表4-3、表4-4为达尔文港2013—2017年货物进出口的统计情况。

表4-3 达尔文港2013—2017年主要进口商品统计　　　单位：吨

| 商　品 | 2013年 | 2014年 | 2015年 | 2016年 | 2017年 |
| --- | --- | --- | --- | --- | --- |
| 饮料 | 4921 | – | – | 576 | 6320 |
| 建筑材料 | 47731 | 7410 | 3997 | 56173 | 31319 |
| 谷物 | – | – | – | 23 | 21357 |
| 化学品 | 200496 | 52320 | 81661 | 124880 | 143812 |
| 未指定商品 | 54831 | 201203 | 223854 | 157154 | 3471 |
| 干散货 | 232298 | 226566 | 272068 | 216053 | 111500 |
| 家具 | – | – | – | 11173 | 2905 |
| 机械及设备 | 18072 | 11454 | 40944 | 12328 | 20865 |
| 金属制品 | 49157 | 76045 | 18436 | 13550 | 58954 |
| 机动车辆和零部件 | 15804 | 10090 | 11977 | 8782 | 11736 |
| 其他 | 74419 | 32752 | 3775 | 4179 | 25567 |
| 纸张 | 1469 | 213 | – | 350 | 2211 |
| 石油产品 | 798999 | 818301 | 858083 | 740746 | 784906 |
| 聚合物和塑料 | – | 3683 | – | 243 | 12926 |
| 橡胶/轮胎/管 | – | – | – | 8548 | 17099 |
| 木材产品 | 404 | – | 202 | 556 | 1925 |
| 总进口 | 1498601 | 1440037 | 1514997 | 1355314 | 1256873 |

数据来源：https://www.darwinport.com.au/trade/trade-port-statistics。

表4-4 达尔文港2013—2017年主要出口商品统计　　　单位：吨

| 商　品 | 2013年 | 2014年 | 2015年 | 2016年 | 2017年 |
| --- | --- | --- | --- | --- | --- |
| 建筑材料 | 238 | – | – | 332 | 67 |
| 化学品 | 1780 | 3856 | – | 120 | 21 |
| 未指定商品 | 12283 | 29122 | 42123 | 49672 | 834 |
| 干散货-铁矿石 | 1668432 | 1881773 | 735513 | 46702 | – |
| 干散货-锰 | 888193 | 924946 | 791970 | 535405 | 252119 |
| 干散货-其他 | 3737 | 6831 | 6993 | 354 | – |
| 干散货-钛铁矿 | – | 3417 | – | – | – |
| 食品产品 | 18 | – | – | 22639 | 17537 |

续上表

| 商　品 | 2013 年 | 2014 年 | 2015 年 | 2016 年 | 2017 年 |
|---|---|---|---|---|---|
| 牲畜 | 118712 | 135479 | 232256 | 144859 | 105474 |
| 牲畜饲料 | 13399 | 22687 | 38388 | 26966 | 19658 |
| 机械及设备 | 4967 | 101 | 7312 | 2315 | 6329 |
| 金属制品 | 7173 | 25 | — | 17509 | 8043 |
| 金属废弃物 | 12017 | 21682 | 20150 | 31448 | 19196 |
| 其他 | 33375 | 69408 | 24084 | 1886 | 7394 |
| 纸张 | 575 | — | 260 | 261 | 8984 |
| 石油产品 | 35508 | 58571 | 9634 | 10436 | 6204 |
| 总出口 | 2800407 | 3157898 | 1908683 | 890904 | 451861 |

数据来源：https://www.darwinport.com.au/trade/trade-port-statistics。

**表 4-5　达尔文港 2013—2017 年贸易发展统计数据**　　单位：吨

| 贸 易 项 目 | 2013 年 | 2014 年 | 2015 年 | 2016 年 | 2017 年 |
|---|---|---|---|---|---|
| 货物贸易总吞吐量 | 4299008 | 4597935 | 3423680 | 2246218 | 1708734 |
| 货物总出口 | 2800407 | 3157898 | 1908683 | 890904 | 451861 |
| 货物总进口 | 1498601 | 1440037 | 1514997 | 1355314 | 1256873 |
| 出口集装箱/标准箱 | 4286 | 9740 | 12117 | 10884 | 9397 |
| 贸易船访问/次 | 2766 | 3178 | 1715 | 1320 | 1150 |
| 船舰访问/次 | 61 | 58 | 65 | 73 | 75 |
| 乘客和邮轮组人员/人 | 66781 | 58845 | 61787 | 93158 | 95252 |

数据来源：https://www.darwinport.com.au/trade/trade-port-statistics。

从表 4-3 至表 4-5 可以看出，近几年达尔文港的各项贸易数据都呈现下降的趋势，货物贸易总吞吐量、货物总出口的下降尤其明显，其他各项数据虽有波动，但总体还是出现了不同程度的下滑。在具体商品的进出口方面，进口商品的总量保持稳定稍有下滑，最主要的是传统三大出口支柱产业：矿石产品、牲畜产品和石油产品，均出现了大幅度的下降。这种明显下降是由于近几年国际贸易环境和市场变化所导致，具体有以下两方面的因素：一是以往澳大利亚 80% 的矿石产品出口给中国，但这几年随着中国经济的转型升级，尤其是钢铁行业的去产能，中国对铁矿石的需求不断下降。整个铁矿石市场开始呈现出供大于求的现象，澳大利亚的铁矿石产业已经变得极其不景气。二是牲畜产品出口方面，澳大利亚牲畜产品出口的主要市场是中东，面临着来自新西兰和巴西的强烈竞争。同时，澳大利亚的牛羊肉价格相比其他地区的要高得多，因此并不具备较强的竞争优势。

总而言之，由于国际市场和国际贸易环境的变化，使达尔文港的传统出口支柱产业受到了严重的打击，出口量出现持续下滑。

## 五、达尔文自由贸易港建设与发展的经验总结

达尔文港作为一座与城市共同成长发展的现代商贸港，由于其处于亚洲与澳大利亚中心点的特殊的优越地理位置，以及澳大利亚贸易重心由欧美转向亚洲的全球经济发展格局，达尔文港在澳大利亚以及全球经济中的战略定位得到重新认识和开发。

（一）建设历程总结

经过多年的规划建设，达尔文港港口设施设备先进齐全，在交通基础设施上形成了由国家公路网、达尔文－阿德莱德铁路以及达尔文国际机场组成的便捷交通运输网络，实现了达尔文港多式联运港口的发展愿景，成为世界上最繁忙的牲畜出口港口之一。而在港口的运营方面，达尔文港采取所有权、管理权和控制权相分离的模式，地方政府掌握着达尔文港的所有权，并将管理权和运营权租赁给具体的港口经营企业。

（二）发展经验总结

自 2004 年达尔文－阿德莱德铁路建成以来，达尔文港的进出口贸易总量整体呈现波动上升的发展局面，但近年来则出现较

大的下滑,发展后劲不足。这给我们带来的经验启示主要有两点:

1. 促进经济与产业的发展方能更加凸显位置优势

当前,达尔文港所处的澳大利亚北领地区人少地多,经济发展在整个澳大利亚相对靠后,同时又远离悉尼、墨尔本等南部经济中心,而且澳大利亚的主要城市都有自己的港口。因此,达尔文港的国内腹地相对狭小。从海运承运人的角度来看,选择使用哪个港口越来越依赖于整个供应链的经济和条件,而不是单纯依赖于单个港口的位置优势。因此,一个港口的区位优势不仅包括其地理位置优势,还要考虑其在整个国家经济布局和经济发展中的优势。

2. 根据国际市场的变化及时调整港口的产业布局

长久以来,达尔文港利用其临近澳大利亚主要矿产资源区和畜牧区的优势,主要依靠这些产品的出口贸易带动整个港区的发展,这些产品的出口量占这个港口出口量的比例高达90%多。一旦国际市场对这些产品的需求减少,或者面临来自其他国家的竞争,必然导致整个港口贸易量的大幅下滑。因此,作为一个战略目标宏伟,高规格、高标准的大型国际贸易港不能太依靠于单一产业,而要不断扩宽自身的业务范围,优化贸易商品结构,及时调整和更新港口的贸易产业布局。

## 第三节　美国夏威夷火奴鲁鲁自由贸易港的建设经验

美国夏威夷全域均为自由贸易区。而火奴鲁鲁港位于美国夏威夷州的瓦胡岛东南沿海,地处太平洋的北部,是夏威夷州最大最重要的港口。火奴鲁鲁也是夏威夷的首府,华人俗称之为"檀香山"。它不仅是全州的政治和经济中心,而且是太平洋上重要的海空交通枢纽,战略位置特别重要,大多数横渡太平洋的船都要进港靠泊。主要工业有制糖、菠萝罐头、石油提炼、水泥、钢筋、炼铝及服装等。港西9.5千米处的珍珠港是美国在太平洋上的重要海军基地。火奴鲁鲁港口有大型国际机场，主要航空公司都有班机在此设点，是一个重要的国际航空枢纽。

# 一、火奴鲁鲁自由贸易港的概况

## （一）港口基本概况

火奴鲁鲁港华人称之为"檀香山港"。火奴鲁鲁港的作用首先在于它是太平洋航行中的航站，它的西北距日本的横滨港3420海里，距中国上海4320海里；它的东南距巴拿马城4680海里；东北距旧金山2100海里；西南距斐济的苏瓦港2780海里，距澳大利亚悉尼4520海里。因其具备供船舶避风、补给、应急等综合作用，素有"太平洋的十字路口"之称。港区在城市之南凹入鞍形的海湾沿岸，湾口有岛屿屏障，船舶入港由岛屿东西航道进出。港内顺岸和突堤码头沿岸分布有50多个海船泊位，码头线总长8300多米，码头水深8.4～12.4米。其中，港湾东南主港池沿岸和突堤有27个泊位，多为杂货码头。其南端航道东侧有5个泊位，总长920米，为集装箱、滚装船泊位。港湾中部卡帕拉马航道北岸有8个泊位，总长900米，码头水深10.4～10.7米，为石油等码头泊位。西北卡帕拉马港池的10座总计有20个泊位，为水陆联运码头。港岛一侧有4个集装箱装卸达63万标准箱，不少也属于航站中转箱。

## （二）区位及交通

火奴鲁鲁港地处太平洋中心，是太平洋海、空交通的枢纽和重要港口，被喻为"太平洋的十字路口"。火奴鲁鲁港是从美国西岸去澳大利亚和从巴拿马运河到远东的船舶航线和航空线的必经之地，穿越太平洋的海底电缆也在此经过。战略地位重要，西郊10千米处的珍珠港是美国主要海军、空军基地之一，统率亚太地区美国驻军的美军太平洋司令部设在此处,是美军在太平洋地区活动的中心。

火奴鲁鲁港地处夏威夷州首府,经过多年的发展,构建起了涵盖公路、航空的交通运输网络,并且航空港和高速公路毗邻港口,为货物、人员运输中转提供了便利,为火奴鲁鲁港的发展提供了良好的交通保障。

航空:火奴鲁鲁西南方的火奴鲁鲁国际机场(Honolulu International Airport,HNL)是夏威夷主要的空中交通门户。此外,也有许多飞往亚洲的日本、韩国、中国台湾、南太平洋塞班岛和美国本土、夏威夷州内各城市的航班。

高速公路:共有两条高速公路服务火奴鲁鲁地区。一是洲际高速公路H-1:从西侧开始进入城市,通过希克肯空军基地和檀香山国际机场,并从下城商业区向北往马基基和凯木基方向,终点在瓦伊阿莱/卡哈拉。在檀香山西部地区,洲际高速公路H-1在瓦希阿瓦和洲际高速公路H-2连接,在卡内欧希和H-3连接。二是洲际高速公路H-201,又称为"莫阿纳露亚高速公路"。另外,还有其他连接火奴鲁鲁和欧胡岛其他地区的高速公路,如帕里高速公路、利凯高速公路、卡拉尼阿那欧里高速公路、卡美哈梅哈高速公路等。

(三)港口设施

火奴鲁鲁港外有岛屿做屏障,是一个天然良港,港域面积22平方米,港内为两大港池,有很多突堤及顺岸码头。港区主要码头泊位有23个,岸线长4252米,最大水深为12.2米,并且火奴鲁鲁海港提供超过约81万平方米的集装箱堆场和超过30个主要设施,包括各种岸吊、集装箱吊、装载塔、拖船及滚装设施等,其中集装箱吊最大起重能力为45吨,还有直径为300~750毫米的输油管供装卸使用,单点系船浮最大可靠12.5万载重吨的油船,以及超过8.05千米的系泊空间。火奴鲁鲁海港约12.2米深,包括5个主要通道:主航道、主要港口盆地、卡帕拉马海峡、卡帕拉马盆地和卡里希海峡。主要通道通常被称为阿姆斯壮堡海峡，是火奴鲁鲁港的入口和出口点。它位于港口东端，约 13.73 米深。卡里希海峡位于沙岛以西，但不使用，因为通道上的沙岛通道道路吊桥永久固定才能使集装箱进出集装箱码头不间断地沟通沙岛。除了在科纳（即南风）风条件下，深吃水船的锚泊通常停在马拉湾以外的沙岛和西部的主岛、阿姆斯壮或海峡。该锚地位于水下水道出口两侧的 600 码以内。由于回旋空间有限，锚地不允许进入海港。

（四）功能定位

1. 港口枢纽

由于夏威夷的地理位置，几乎所有的货物都是通过岛屿港口运抵的，而火奴鲁鲁港则担负着港口枢纽的责任，提供将岛上的货物配送到邻近岛屿的服务。

2."太平洋的十字路口"

火奴鲁鲁港地处太平洋中心，是太平洋海、空交通的枢纽和重要港口，也是从美国西岸去澳大利亚和从巴拿马运河到远东的船舶航线和航空线的必经之地。而且火奴鲁鲁港在中国、日本、澳大利亚、美国西海岸的中间地带，对船舶在大洋中航行时，避风、补给、应急等都有着十分重要的作用。

## 二、火奴鲁鲁自由贸易港的贸易发展成效

火奴鲁鲁港的发展与夏威夷对外贸易区是直接相关的，火奴鲁鲁港又是夏威夷的最主要贸易港。由于火奴鲁鲁港口的贸易数据获取困难，因此，以夏威夷对外贸易区数据来分析火奴鲁鲁港的发展成效。

近年来，夏威夷自由贸易区的转口商品数量呈现下降趋势，从 2013 年的 8358 亿美元下降至 2016 年的 6104 亿美元，下降幅度较大，而且表现出不论是国内商品还是国外商品数量都呈现下

降趋势，见图4-3。

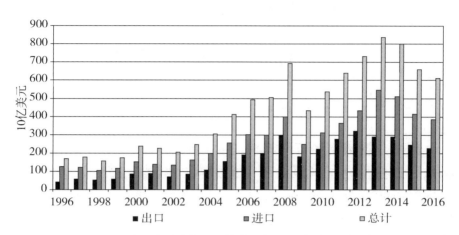

图4-3 夏威夷对外贸易区的转口商品（1996—2016年）

从商品出口数量来看，夏威夷对外贸易区自2014年开始，出口商品数量也呈下降趋势，从2014年的992亿美元下降至2016年的约757亿美元，下降幅度也较大，见图4-4。

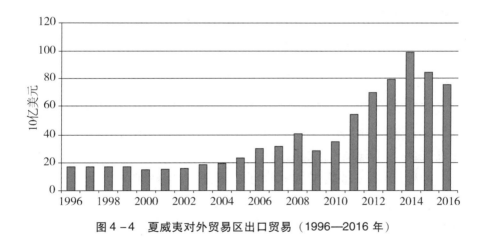

图4-4 夏威夷对外贸易区出口贸易（1996—2016年）

夏威夷对外贸易区进口的商品类型方面，进口的商品主要有55类，其中石油最多，货值约545.17亿元；其次是车辆，货值约271.52亿美元。由于夏威夷是群岛，岛内自给自足的能力较弱，因此大多数商品都需要依靠进口，并且进口商品涵盖各个方面，从车辆、电子产品到木材、水泥等都有涉及。

## 三、火奴鲁鲁自由贸易港的产业发展

### （一）旅游业及其衍生产业

旅游是夏威夷经济的支柱产业。根据数据显示，夏威夷旅游人数一直稳步提升，但由于基数过高，增速趋缓。2015 年，夏威夷过夜游客数超过 800 万人次，同比增长 8%。其中，中国游客人数为 17 万人，82% 的是首次到访。赴夏威夷的中国游客人均每日消费达 364.70 美元，居各国游客之首。

夏威夷群岛主要有 6 座观光盛行岛屿，包括欧胡岛、夏威夷大岛、茂宜岛、可爱岛、摩洛凯岛以及拉奈岛。

根据数据显示，游客在欧胡岛的消费比例最高，占将近一半的夏威夷总消费支出。由历年各岛屿消费比例也可以看出游客在欧胡岛的消费占比一直是最高的，这与欧胡岛是夏威夷重要的交通枢纽和文化、旅游中心有直接关系。

### （二）特色农业——"生长在夏威夷"

农业在夏威夷历史上一直占有特殊的地位，并继续成为重要的产业，为该州的年度经济创造 29 亿美元的收入，并直接和间接地提供了 42000 个就业岗位。

种植园时代目睹了糖和菠萝行业数十年的繁荣景象，扩大了主要农业用地。绿色的田野广泛传播，造就了岛屿对游客的吸引力。

随着制糖业的衰落，这些农地正在回到发展多样化农产品的小农场的新时代。诸如特色异国水果、咖啡、坚果、花卉和树叶等作物，不仅为夏威夷市场提供新鲜农产品和鲜花，而且已成为面向世界各地的主要出口产品。早期的鱼塘已经发展成为高科技水产养殖企业,在海上养殖丰富多样的鱼、虾、龙虾、鲍鱼和海藻。

"生长在夏威夷"的出口在国内外市场上获得认可,并成为高档优质美食的代名词。夏威夷的诱惑和产品的声誉导致了一系列新鲜和制造产品出口到海外市场和商店,特别是在加拿大和日本。

扩大夏威夷农产品市场的努力也在以独特的方式进行。夏威夷地区风味菜肴融合了东西方风味,采用新鲜的岛屿产品,包括新鲜的鱼类和海鲜、热带水果和蔬菜。

夏威夷的农业今天有多重要?除了提供粮食和就业机会这些显而易见的好处之外,农业在保护夏威夷宝贵的绿色空间方面也起着重要作用。随着城市扩张侵入农村地区,夏威夷农业使各个岛屿茂密而充满活力。

## 四、火奴鲁鲁港的政府管理机构与管理体制

夏威夷州共有10个商业港口,分别是位于考艾岛区的纳维利维利港和艾伦港,瓦胡岛的火奴鲁鲁港和卡拉洛港,茂宜区的卡胡卢伊港、考纳卡卡伊港、考马拉帕乌港和哈纳港,夏威夷区的希洛港和卡瓦海港,全部由夏威夷州交通部的港口部门管理。其中,哈纳港是2008年从土地和自然资源部转移到港口部的。夏威夷州交通部主要负责夏威夷州内的7个机场、10个商业港口和公路的管理,主要分为航空部门、港口部门、公路部门和行政部门,见图4-5。

夏威夷州交通部港口部门的主要任务是有效改善和管理商业港口系统,促进夏威夷州商业货物、客运、渔业和其他商业海事相关服务、支持活动的安全和有效运作,并维持和加强国家的经济繁荣和生活质量。其工作目标是负责规划、设计、建造、运营和维护各种海上运输的国家基础设施,并与其他州、县和联邦计划进行协调以实现目标。

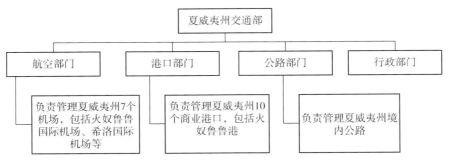

图 4-5　夏威夷州交通部管理结构

夏威夷州交通部港口部门的主要职责是：① 维护、修理和经营全州港口系统；② 规划、设计和建造 10 个商业港口的港口设施；③ 提供项目规划和行政支持；④ 负责管理进出港口船舶的交通管理；⑤ 负责规定和管理港口设施和土地的有效利用；⑥ 建立海事业务办公室。

夏威夷州交通部港口部门是一个自给自足的部门，水运设施和服务项目的运营、维护和资本改进计划的收入主要来源于码头租金、入港费、系泊费、滞期费、清洁和其他港口费用。其中，码头租赁是最大的收入来源。

夏威夷州交通部港口部门的在管理运营中和其他公共或者私营部门相互合作。在港口管理中，联邦政府机构包括美国陆军工程兵团，负责管理和参与港口航行改进的规划、建造和维护；联邦海事委员会管理从事美国海上贸易的港口和海运码头运营商，并接收和审查关税申报；美国海岸警卫队负责监督商业港口的海上安全，并参与执行国家港口综合体内的安全和油污管理规定；美国财政部检查外国货物以确保适当的税率评估；货物也由美国进行检查，农业部为保障国家免受生物有害生物和入侵物种的引入；美国海关和边境保护局通过国家港口监测外国人和货物的流动情况；环境保护局涉及水质标准；国家机构涉及沿海地区土地和水资源利用、经济发展、环境法规和安全条例；私营部门提供航运服务，装卸、仓储、拖轮、服务、维修、船舶配送和修理、配送等功能。港口部门的主要目标之一是提供足够的海运设施以满足商业航运业和公众的需求。

## 五、火奴鲁鲁自由贸易港的配套政策支持

火奴鲁鲁港的配套政策与夏威夷对外贸易区是直接相关的,火奴鲁鲁港39号码头在1965年2月15日被选定为夏威夷第一个自由贸易区,1966年6月15日第九号外贸区(FTZ9)正式成立。

目前,夏威夷对外贸易区可提供的优惠政策主要有:

1. 延期和避免责任

通过使用外贸区,企业推迟支付关税直到商品进入美国关税区。外国货物通过美国口岸办理境外指定手续,避免使用外贸区支付美国关税和税款。商品只能在进入美国关税区的外贸区进行检查和分类。职务延期或回避导致大量现金储蓄。

2. 利用关税表

1989年通过的美国关税表(又称"统一法规")为FTZ用户提供了许多新的机会。自由贸易区内从外国来源制造的产品可能会受到比它们制造的部件总和更低的税率。这也适用于套件或套件的组装。菠萝罐头厂和制罐公司、动物饲料混合业务以及汽车工厂和聚对苯二甲酸乙二醇酯(polyethylene terephthalate,PET)塑料生产厂都是一些从自由贸易区内获得关税优势的业务。

另外,如果制造业成品的税率较高,进口商可以申请将进口零部件指定为特许外国货物,因此,适用税率较低的组件。自由贸易区的炼油厂就以这种方式运作。

3. 进口配额

在某些情况下,配额限制在商品进入美国海关领土时适用。由于配额限制可能会被拒绝进入的商品可能会被储存,并且在某些情况下会在外贸区中被改变和制造。商品可能正在等待新配额期的开始。商品在某些情况下也可能被改变或制造成不受配额限

制的产品。配额商品可以在出口市场的外贸区进行处理。这对于出口市场的食品加工企业特别有利。

4. "美国制造"

在自由贸易区生产的产品，如果满足某些要求，即使有成品的外国产品，也有资格获得"美国制造"的标签。

5. 避免退税成本和延迟

缺点程序可能是相当严格的。自贸区管理部门允许制造商将99%的进口零部件的税款退还到随后出口的产品中。但是，制造商必须在进口时声明随后以制造形式出口的产品以符合退货条件。区域用户避免了这些前期成本和重新付款的延迟。

6. 避免保税仓库限制

将商品存放在保税仓库的进口商必须发出保证金，其货物最多可以保存5年。使用自由贸易区的进口商无须发布任何债券，他们的商品可能会无限期地留在该区域。在海关保税仓库制造，加工或改变货物是有限的。在外贸区，类似的限制不适用。

7. 避免某些州和地方税

保税区内的货物免除国家和地方的价税。此外，夏威夷外贸区9号的客户享有极好的安全性、仓库库存报告和发放收据的方便性、协助知识渊博的人才，以及在外贸区所有方面的高度专业化服务。自由贸易区的目标是有效、高效和经济地满足不同的需求。

# 第五章 "港口+工业"型自由贸易港的建设经验

## 第一节 德国汉堡港的建设经验

汉堡港位于易北河下游、阿尔斯特河和比勒河汇合处，距北海110千米。港口面积100平方千米，是德国最大的海港，也是欧洲最佳转口港之一，被誉为"德国迈向世界的门户"，是欧洲仅次于鹿特丹港的第二大港，也是世界著名的港口之一。汉堡港还设有16.2平方千米的自由贸易港区，经营转口贸易，特别是为斯堪的纳维亚和中欧地区各国货物的转口。汉堡港是德国北部地区的经济中心，也是中欧贸易往来最大和最重要的港口，地处欧洲东西、南北两大贸易线的交汇点，毗邻欧洲主要市场，且有纵深的腹地，因此成为该地区最佳的货物配送和物流集散点。作为近年北欧地区货运量增长最迅速的港口，汉堡港目前已发展成为德国、波罗的海地区、东欧、俄罗斯远东地区各类进出口货物的主要运输枢纽和物流中心。汉堡港也是德国最大的集装箱港，近年来港口的集装箱货运蓬勃发展，2017年汉堡港全年的货运吞吐量已突破1.365亿吨，其中与中国的集装箱货运量更是增至260万标准箱，中国成为汉堡港最大的海运贸易伙伴。

# 一、汉堡港概况和功能

## (一) 发展概况

汉堡港始建于13世纪。1884年开始建立易北河左岸港区。1937年4月,将各自独立的汉堡港、阿尔通纳港、哈尔堡港、威廉斯堡港等统称为汉堡港。"二战"后,恢复并进行大规模扩建、改建。港口陆域面积101平方千米,港口水域面积40平方千米。汉堡港是德国联系西欧、斯堪的纳维亚地区和世界贸易的重要中心,进口的货物包括煤、油、矿石、粮、棉花、糖、水果、茶、鱼、木材等,出口的货物主要有水泥、盐、焦炭、钢铁等。件杂货的集装箱化率比较高,达到70%以上。件杂货和包装货的量几乎占总的装卸货量的一半。汉堡港也是世界上建立比较早的、著名的自由贸易港之一。商品在自由贸易港区内存放、转运国外或再出口,可不缴纳关税,在自由贸易港区内可对商品做再加工,但如果是为了国内消费而运出自由贸易港区则必须缴纳关税。2016年,全港完成集装箱吞吐量893万标准箱,世界集装箱吞吐量排名第17位。

## (二) 区位及交通优势

汉堡地处中欧,地理位置优越,竞争优势明显。途经基尔运河即可方便快捷地到达整个波罗的海地区,经由发达的水陆运输通道直抵中欧和东欧广袤的腹地,便捷的交通成就了汉堡绝佳的地理位置。然而,汉堡港绝不仅只是一个转运中心,汉堡是德国最大的贸易和工业城市地区,在进出港口的货物中,约有1/3出产于汉堡都市区。与其他北欧港口相比,本地的商品报价占据着重要地位。这就意味着距离海岸线70海里的汉堡港拥有颇具吸引力的交通优势。海运货物运输对环境影响更小,能够迅速往返于海港腹地市场区域。相比之下,陆上运输便显得相形见绌。

与其他欧洲港口相比，德国、斯堪的纳维亚、东欧、俄罗斯、奥地利、瑞士和波罗的海地区的所有重要市场区域与汉堡都相距更近。地理优势意味着经过汉堡可以缩短运输时间，实现环保流通及运输链，降低运输成本。

汉堡港有近 300 条航线通向世界五大洲，与世界 1100 多个港口保持着联系。每年进出港的船只达 1.8 万艘以上，铁路线遍及所有码头，车厢与船舶间可直接装卸，是欧洲重要的中转港，具有广阔、迅速而节省的能力到达内陆各个国家。

（三）功能定位

（1）物流中心。汉堡港是欧洲发展最快最高效的物流基地。在汉堡，约 5700 家物流公司提供了一整套的增值服务——从运输、储藏、加工、质量控制、包装、试运行、配送、货运管理到输保险、海关放行、结账开发票。它们在世界范围内组织成了一个完整的供应链。各种工业贸易公司从这种综合的服务组合中收获到了很多好处。像 Airbus，Still，H&M，Olympus 和 Beiersdorf 多年来一直将汉堡作为增值服务链的中心，这也有助于汉堡吸引新的业务。为满足需求，到 2015 年，汉堡为感兴趣的投资者提供了大约 3.2 平方千米的物流基地。虽然对于一个国际性港口，进一步开发港口的所有功能都是重要的，但是，考虑到未来，汉堡把主要的精力放在了集装箱处理的拓展上。汉堡的两大集装箱码头运营商 Eurogate 和 HHLA 正大力拓展、升级其在汉堡的码头。为了将运输能力提高到约 600 万标准箱，Eurogate 将向西扩展。从下个十年期开始，HHLA 将为在汉堡港的码头投资 8 亿欧元，将运输能力提高到超过 100 万标准箱。其中最大的一份资金 6 亿欧元将投给 HHLA 的 Burchardkai 集装箱码头（简称 CTB）的扩建，运输能力将提高到 520 万标准箱。HHLA 还将为 Altenwerder 集装箱码头（简称 CTA）建造更多的停泊位和更多运营、储藏的空间，将其运输能力提高至 200 万标准箱。此外，Altenwerder 集装箱码头将发展成为一个年处理能力达到 300 万标准箱的码头。在不远的将来，一个新的货物码头 Steinwerder 中心码头（简称 CTS）将成为汉堡港最大的扩建工程。

（2）加工贸易。货物在自由贸易港的存放时间没有限制。自由贸易港的优势是在自由贸易港区内的加工或其他活动不需要缴纳增值税。因此，许多企业在自由贸易港区内建立加工厂，尤其生产加工一些高附加值产品，例如咖啡、茶叶、纸张、可可等。为了避免在相应进口国家的重复清关问题，货运公司可以通过一个所谓由进口商指定的财税代表来更迅速更顺畅地将汉堡作为进口港办理清关手续。一旦海运货物抵达汉堡港并办理完欧盟的清关手续，例如，通过清关代理，货物就可以作为欧盟境内货物从汉堡运抵目的国。这样的好处是，在最终目的地就不需要再办理清关手续，货物只需要缴纳相应国家的增值税，而且可以节约时间。

（四）历史演进——从设立到废止

起源：汉堡起源于易北河支流阿尔斯特河下游。公元 830 年这里建立了法兰克人征服萨克森人后的第一个要塞 Hammaburg（汉马堡），但仅仅 15 年后就遭到丹麦维京海盗的摧毁。9—11 世纪，汉堡屡毁屡建，但通过沟通德意志诸地区同北欧与斯拉夫城市之间的贸易而逐渐兴盛起来。1189 年 5 月 7 日，汉堡从巴巴罗萨皇帝那里得到特许权，可以在易北河下游至北海之间自主征税，这被视为汉堡港的正式诞辰日。作为"汉萨同盟"的主要发起者之一，汉堡享受了 3 个世纪的"自由贸易"特权，成为同盟最重要的北海港口。至今汉堡仍骄傲地标榜自己"自由汉萨城"的头衔。1510 年，汉堡成为"帝国自由市"。而在欧洲发现美洲新大陆和开通亚洲航道之后，汉堡又跃升为欧洲最重要的输入港之一。

波折：近代，汉堡多次遭受天灾人祸袭击，有时甚至是毁灭性的打击，但每一次汉堡都能从废墟中重新崛起，并将城市建设得更大、更繁盛。一个突出的例子是 19 世纪末"仓库城市"的建设。1881年，在俾斯麦的加压下，汉堡进入到德国关税联盟。汉堡市只允许保留一小部分区域作为关税飞地，也就是今天的自由贸易区。在自由贸易区内可以长期储存外国货物并享受免税待遇。1888年自由贸易港的建成使汉堡成为世界上最大的咖啡、可可、香料和地毯的转运地之一。1895年，基尔运河的凿通连接了北海与波罗的海，更进一步地提高了汉堡港的吸引力。1900年，汉堡真正成为人口超100万的大都市。战时的轰炸虽使汉堡港损失惨重，却反而腾出了空间使其得以进行大规模的现代化重建。20世纪60年代的洪灾之后，随着集装箱这一新运输形态的兴起，汉堡港的重心移到易北河南岸，建起大批先进的集装箱装卸码头。

废止：欧洲统一市场的建立意味着曾经在过去的125年里为汉堡的全球货物中转站地位做出贡献的自由贸易港已经失去了存在的意义。欧盟内部三分之二的货物将免税流通。另外，货物将很少在港区长时间存放，其用意在于使货物尽快离港。汉堡市议会已经提请德国政府终止汉堡的自由贸易区，其面积占整个汉堡的23%。德国下议院已经于2010年11月批准了该议案。从2013年1月起，所有汉堡港区内的公司将同其他欧盟关税区内的海港一样根据同样的海关管理规定进行运营。在消除关境后，运输和关税流程的速度将会更快、更加灵活，进而提升港口的竞争力。

## 二、汉堡港的贸易发展成效

2017年，汉堡的海运货物吞吐量为1.365亿吨，包括一般货物和散装货物，稳定在较高水平，较上一年下滑1.2%。处理880万标准箱的集装箱化普通货物出现轻微下滑。散装货物总量为0.447亿吨，与上一年持平。

从贸易地区来看，除了在东亚的集装箱服务量为390万标准箱外，位于北欧港口的汉堡港依然保持其在波罗的海地区的强势地位。在 2015 年，汉堡港集装箱装卸，与东北亚和东南亚的东亚贸易以及与东欧和斯堪的纳维亚半岛的波罗的海贸易两大支柱的表现都大大低于 2014 年。无论是繁荣还是滞后，通过汉堡港转运的两条贸易路线的大量参与都有利用吞吐量统计的效果，因为按照国际惯例，在每个方向上，转运船只记录一次远洋集装箱货物和一次转运货物。在涉及转运时，中国、俄罗斯或波兰等核心市场的吞吐量降低两次。2015 年与中美洲，特别是墨西哥和阿拉伯联合酋长国其他贸易航线的增长未能抵消东亚和波罗的海航线的低迷。汉堡和北美东海岸以及南欧和英国之间的集装箱服务也在 2015 年发展良好，其中部分增长来自进口空设备。2015年，汉堡在非洲的贸易路线上共处理了 33 万标准箱，相当于汉莎码头集装箱吞吐量的 3.7%。与前一年创纪录的 33.2 万标准箱相比，销售量仅下降了 0.8%。这条贸易路线的汉堡趋势从 2009 年开始上涨，因为成交量翻了一番。近几年来，这一切都由北非和南非的服务提供支持。

从贸易伙伴来看，汉堡港海运集装箱运输中的十大贸易伙伴是中国、俄罗斯、新加坡、法国、瑞典、英国、韩国、马来西亚、波兰和阿联酋。中国依旧是汉堡港的最大贸易伙伴，亚洲对汉堡港特别重要的集装箱运输量增长 1.3%，达到 470 万标准箱。

## 三、汉堡港的管理机构

### （一）汉堡港务局

作为公共服务机构，汉堡港务局负责管理汉堡市的港口，负责港口基础设施的开发和维护。共拥有约 1900 名员工，确保了汉堡港口未来发展的一体化理念。汉堡港务局的前身是港口、服务和经济基础设施局，是汉堡州经济和劳工事务部的一个部门。2005 年 3 月 1 日，河港发展部与港口、服务和经济设施等部门合并，最终汉堡港务局于 2005 年 10 月成立。

汉堡港务局主要负责港口管理，包括房地产管理、船舶交通安全、港口费、通信、港区街道和铁路、海员维护服务和洪水警告。此外，汉堡港务局是汉堡港的中心合作伙伴，负责所有有关水边和陆地基础设施、航运交通安全、港内铁路、房地产管理和商业环境方面的问题。其重点是确保及时、稳健地融资和妥善投资符合市场需求的基础设施，并评估商业房地产需求，从而为港口相关业务提供地点。

汉堡港务局坚持公开透明的市场导向，履行其职责并为港口提供业务服务；并且按照企业管理的经济原则行事，始终力求达到的组织效率。

（二）汉堡港口营销协会

汉堡港的所有大小码头经营者、货运代理公司、理货公司、港口数据信息公司等与港口有关的公司均为汉堡港口营销协会的会员。汉堡港口营销协会的经费 50% 来自汉堡州政府，50% 来自会员所缴纳的会费。汉堡港口营销协会对外代表整个汉堡港，它不只是为某个会员服务。向世界各地的客户介绍和推销汉堡港则是汉堡港口营销协会的职能。它具有以下主要功能：

（1）向外部客户介绍汉堡港，使他们了解汉堡港能提供的各种服务。

（2）开发和实施各类宣传和新闻活动。

（3）收集和分析市场发展趋势和竞争港口的信息，并以此制定市场战略。

（4）与有关部门一起制订完善的经济腹地交通以及物流方案和项目。

（5）负责汉堡港的所有公共关系事务，例如，出版定期刊物和杂志及维护港口网站。

（6）代表汉堡港出席国际展览会和会议、安排国外代表团的参观访问等。

(7) 研究并向世界各地有关方提供详细、公正的信息。

汉堡港口营销协会也是汉堡港客户的联络点,它能全方位地提供港口服务的各类信息。汉堡港口营销协会的代表每年要访问世界各地大约3000家客户,组织讨论会、研讨会、港口介绍和展览会,发布汉堡港最新发展消息。此外,每年还接待约2000名来访者。该协会在德国的慕尼黑、杜塞尔多夫、德累斯顿,奥地利的维也纳,捷克的布拉格,波兰的华沙,俄罗斯的圣彼得堡,新加坡,中国的香港、上海,韩国的首尔及美国的纽约都有办事处,形成了一个全国乃至世界的营销网络。

## 四、汉堡港的管理体制

汉堡港的管理机构也是独特的,2005年设立汉堡港务局。汉堡是德国的一个直辖市,也是一个州。汉堡州有自己的议会和政府,负责汉堡港的事务。汉堡港的日常管理则是由汉堡港务局负责。

汉堡州政府负责总体规划和土地使用。汉堡州政府规定了港区的水域范围,规定在港区可进行的活动,港区土地和水域归州政府所有,由州政府负责总体规划,土地或建有基础设施的土地由州政府出租,租期一般为3年,土地只能出租不能出售。州政府控制着土地并按需要规划使用,规划范围内属私人财产的土地可以出卖,但政府有优先受让权,州政府还严格规定港内可作业的货种和禁止作业的货种,确定港内经济活动的法则,如允许港口内相互竞争等。政府负责与础设施包括港区内公共交通设施的建设,汉堡港务局负责日常管理,其主要职能包括:① 制定港口的法律框架,确定港口活动方向;② 规划并建设基础设施,租赁给经营者;③ 建设和维护港界范围内的港口基础设施,疏浚港池和港内航道;④ 制定港内交通规则;⑤ 对进出港和靠泊码头锚地的船舶以及装卸作业进行安全管理监督,包括港区消防;⑥ 引领进出港船舶,掌握在港与进出港口船舶的动态;

⑦ 征收港口使用费。

汉堡港作业由私人公司商业运作。汉堡港是一个鼓励港内不同公司相互竞争的港口，无论是码头集装箱或其他货种的装卸公司，还是货运代理或是提供各种服务的其他公司都是相互竞争的。这些经营者从汉堡州政府租用土地，负责所有上部设施的投资，包括起重机、集装箱桥吊、运车等机械设备，码头的面层及仓库、堆栈、办公楼、铁路支线、道路等其他设施。码头租用者要同时向政府支付两笔租金，即土地租用费和码岸壁租用费。州政府还制定了港口土地租金、岸壁租金、港口使用费、引航费等的标准。在所有公司中 HHLA 是最大的，它是由汉堡州政府100%控股，但按私人方式运作，因而在汉堡港扮演着举足轻重的角色，汉堡州政府也以此来调节汉堡港的经营活动。汉堡港的对外交往、推介、参加国际会议和展览等由汉堡港口营销协会负责。

## 五、汉堡港的配套政策支持

根据《欧洲议会与欧盟委员会条例》第 166 条，自由区属于公共海关地区，在这些区域内几乎没有任何海关手续，只有一些系统管理。因此，国际性的货物交换过程很方便。自由区是由德国宪法保障的，只允许改变自由区的界限。根据《德意志联邦共和国基本法》规定，自由贸易港可视同第三国地位，货物只有从自由贸易港输入欧盟市场时才需向海关结关，缴纳关税及其他进口环节税。海关部门对自由贸易港采取不同于一般保税区域的管理模式，对进、出自由贸易港区的船只和货物给予最大限度的自由。自由和便捷的管理措施贯穿于从货物卸船到运输再到装运的整个过程中。

欧盟的自由区分为自由区Ⅰ型和自由区Ⅱ型（TYPE Ⅰ & TYPE Ⅱ），汉堡自由贸易港区属于自由区Ⅰ型。自由区Ⅰ型实施封闭，船舶和货物进出均不用到海关结关，而自由区Ⅱ型不封闭，监控较为复杂，货物进出需要提出登记申请，我们通常所说的欧洲自由区主要指自由区Ⅰ型。因为汉堡自由贸易港区继承了原来自由贸易港的理念和政策，所以显得更加便捷和宽松。所谓的自由，是指在特定的区域内贸易、关税和物流运作的自由。海关监管的出发点不是通过监管增加税收，而是通过监管和关税协调国家的整个经济发展，建立一种极为自由灵活的监管系统，促进国际贸易和国际物流的发展。汉堡自由贸易港区向制造企业和经销商提供了欧洲最优惠的税收待遇。自由贸易港属于德国的部分，属于欧盟关税区。不过，根据欧盟关税法案，进入到自由贸易港的第三方货物并未算作进入到欧盟的关税区。这就意味着进入到自由贸易港的货物并不需要清关，并且可以存放在自由贸易港内而不需要缴纳海关关税或其他税种。只在货物离开自由贸易港进口到德国或者欧盟的时候才需要缴税，非进口到德国的中转货物只需要在进入目的国的时候缴纳相应进口税即可。

具体优惠政策包括：① 船只进出汉堡自由贸易港，无须向海关结关，船舶航行时只要在船上挂一面海关关旗，就可不受海关的任何干涉。② 凡进出或转运货物在自由贸易港装卸、转船和储存不受海关的任何限制，货物进出不要求每批立即申报与查验，甚至45天之内转口的货物无须记录，货物储存的时间也不受限制。③ 货物在自由贸易港区内可任意进行加工和交易而不必缴纳增值税，货物只有从自由贸易港输欧盟市场时才需向海关结关，缴纳关税及其他进口税。只要能提供有关单证证明，海关就区分管理，视同在欧盟境内另一口岸已完成进入欧盟手续，到汉堡只是为了完成物流流程。

## 六、汉堡港的微观管理经验

### （一）主题鲜明的成本管理

汉堡港口成本管理上有两个具有鲜明特色的措施。一是

"成本点"分析;二是对各部门进行"消耗"与"效益"对比的"贡献"考核法。

汉堡港埠及货栈公司的业绩考评办法更是独出心裁。业绩考评是每月对企业内所有部门的业绩与该部门消耗进行对比,如果成绩大于消耗,则该部门当月的业绩为正值;如果成绩小于消耗,则该部门当月的业绩为负值。如果业绩为负值,说明该部门当月是一个纯消耗部门。成绩可以是一个部门直接为企业创造的效益或完成的任务、有效工作量的折算值。消耗是企业为该部门支付的工资、福利及该部门的物资消耗。通过对业绩的考评,一是可以为及时平衡各部门的工作提供一个准确的依据;二是可以促进各部门的工作积极性。公司可以据此对一些工作任务不足、业绩为负数的部门进行调整,从而降低公司的成本开支。

(二) 灵活有效的用工制度

目前,港口企业总成本中,工资成本占很大比重。因此,合理地利用、调配劳动力是降低生产成本的一个重要手段。汉堡港的先进经验包括以下3个方面。

1. 租用劳动力

在汉堡港有一种受当地政府资助、独立经营的公司,称为"劳动合作社"。这种公司雇用了有各种技能的工人,专门为码头提供临时劳动力。通过这种方式可以有效减轻码头对劳动力需求的压力,又不至于使码头背上沉重的负担。另外,在汉堡还有各种各样的为装卸公司提供劳务的公司,如专门解缆系缆的公司、绑扎公司等。因此,汉堡港各装卸公司固定雇用的职工都不多,从而大大降低了工资成本。

2. 合理调配公司的劳动力

汉堡港为使劳动力达到满负荷工作,采取了使劳动力在公司内各码头合理统一流动的安排。各码头向调度中心提出申请,由调度中心统一安排公司内的劳动力,如不够再租用公司外的劳动力。这种做法使得公司内每一个劳动力都得到最充分的利用。

### 3. 重视提高劳动力的素质

汉堡港一是积极对劳动力进行培训，每一个工人都需要严格培训并考试合格才能上岗；二是鼓励职工学技术，每个人都可申请带薪脱产上港口学校学技术；三是鼓励工人考等级，工资随等级的上升而大幅上升。汉堡港的这些鼓励政策刺激了工人学技术的热情。

## （三）务实的设备管理

汉堡港设备管理在如下3个方面做得较有特色：

### 1. 集中管理

公司内所有设备属技术处统管，所有的维护、修理都由技术处来负责，各码头只管使用。这样，码头就能集中精力抓生产，而技术处可发挥自身的专业优势和一定的"规模"优势维修好设备，保证各码头的使用。

### 2. 技术设备管理科学化

在汉堡港埠及货栈公司所有设备都是属于技术处的，各码头需要向技术处租用设备。各码头按设备的工作台时付给技术处租费，而技术处则负责保证码头对设备的使用台次的要求，如达不到，则要由技术处向码头支付罚金。这样，设备的保用方与使用方就达成了一种简单的经济协定。通过这一协定既考核了技术处的工作，又考核了码头生产经营的效益。

### 3. 采用实用的维修体制

定时检查保养，按需修理更换。定时检查保养分500小时、1000小时、2000小时检查项目。所有检查项目都列成表格输入电脑，检查时运用各种仪器及检测设备，避免了人为的疏忽和对设备的盲目分解而造成不必要的损失。这套维修体制的特点在于有严格的规定和参照标准，便于操作。因此，设备维修比较规范，效果也较好。

## 七、汉堡港未来发展趋势

汉堡港务局制定了在未来几年内将汉堡港发展为"智慧港口"的目标。智能代表智能交换信息,以提高港口的质量和效率。但这也意味着通过使用可再生能源来减少港口对传统发电的依赖。在"智慧港口"的大旗下,汉堡港务局建立了两大支柱:一是智慧港口物流。从经济和生态的角度来看,智慧港口物流代表了汉堡港口交通和货物流动的智能解决方案。由于交通和货物流动的智能解决方案,汉堡港务局正在提高港口的效率。智慧港口物流将经济和环境方面结合到3个分部门中:交通流量、基础设施和货物流量。在多式联运的海港交通中心,铁路和公路运输构成了交通流量联网的基础。智能网络是在汉堡港平稳高效运输并最终实现货物流通的先决条件:优化数据采集和快速信息共享。二是智能港口能源。智能港口能源目标是对汉堡港进行有力的调整,超越汉堡港务局的边界。汉堡港务局倡导环保移动性,并倡导减少能源消耗。因此,Smart-Port能源有助于减少对传统发电的依赖,减少排放并节省资金。它侧重于三个核心领域:可再生能源、能源效率和流动性。

**参考文献:**

胡大龙. 德国汉堡自由贸易区 [J]. 国际市场, 2013 (3): 40 - 43.

## 第二节 荷兰鹿特丹自由贸易港的建设经验

鹿特丹自由贸易港位于莱茵河与马斯河交汇入海口处,西依北海,东溯莱茵河、多瑙河,地理位置优越,素有"欧洲门户"之称。它自1600年到1620年建立第一批港区以来,现今自由贸易港区面积扩大为126.06平方千米。鹿特丹港拥有总泊位656个,是500多条航线的船籍港或停靠港。其航线通往全球1000

多个港口，货运量占荷兰全国的78%。

# 一、鹿特丹自由贸易港的概况

## （一）区位及交通优势

鹿特丹是荷兰乃至西欧最大的工业基地和贸易金融中心。其半径500千米内的英国、德国、瑞士等西欧国家的工业区是其主要经济腹地，为自由贸易港提供了充足的转运货源和优良的转口贸易条件。

鹿特丹自由贸易港采用多模式集疏运系统，它不仅包括对其服务腹地的运输网络，还包括港口本身内部的运输系统。具体有：

1. 内陆水运

自由贸易港80%的吞吐货物发货地或目的地都是通过内陆运输网进行中转。拥有被称作"1000千米长的传送带"的莱茵河和其他内河航道。

2. 近海水运

港口的近海直线船运目前已为欧洲各地150个港口进行班轮运输服务，航次频率高。近洋和支线运输服务成为替代公路运输有吸引力的方式。

3. 公路运输

目前，鹿特丹自由贸易港公路运输的占比高达46.2%，港口与欧洲高速公路网直接联通，公路运输可将货物直接送达客户。

4. 铁路运输

铁路线路直接深入港口作业区，实现海铁的无缝衔接，减少海公铁联运的起吊装卸环节，降低水铁联运的成本。

5. 管道运输

自由贸易港的运输油管道直通阿姆斯特丹、德国和比利时，拥有纵横发达的管道系统。

6. 航空运输

史基浦机场距鹿特丹80千米，是欧洲的四大国际中枢机场之一。机场开设了260多条航线，机场旅客吞吐量位居全球第九位、欧洲第四位。

7. 水公铁联运

鹿特丹自由贸易港已经实现了海陆空运输交通的对接。至2016年港口水铁联运比例达12.2%，并力争于2020年铁路集装箱运量达30万标准箱以上，海铁联运比例达20%以上。

由此可见，鹿特丹自由贸易港40多年来一直保持世界第一大港的地位，除了优越的地理位置、良好的水深条件及高效的港区管理模式外，发达的多模式集疏运系统是其重要支撑。鹿特丹自由贸易港能成为欧洲综合交通运输网中重要的水陆交通枢纽，其完善和畅通的集疏运系统功不可没。

## （二）功能定位

定位：保税仓储物流型——鹿特丹自由贸易区，是欧洲最重要的石油、集装箱、化学品、铁矿、金属等的运输港口。

目标：建成一个安全高效、综合清洁的港口和工业综合区，加强鹿特丹自由贸易港在欧洲的地位。

## （三）历史演进

鹿特丹自由贸易港从14世纪的渔村发展而来。

第一时期（1400—1800年）：鹿特丹从渔业起步，继而发展贸易，从渔村发展成为一座城市，鹿特丹港仅为一座小商港；1600年左右，港口已经能够容纳100艘渔船，逐渐成为一个商业港，商船在鹿特丹和南美与荷兰东部之间往返。

第二时期（1800—1900年）：工业革命时期，钢制船取代了木制船，蒸汽机取代了帆船，鹿特丹自由贸易港开始在Nieuwe Maas两岸扩建，其间规模有一定的发展。港口作业的货种主要为集装箱、子母船、森林木材、其他件杂货、水果、蔬菜、浓缩果汁等。

第三时期（1920—1961年）：19世纪末，鹿特丹自由贸易港承担了西欧地区所有的石油运输，原油专用码头在"二战"之前开始兴建；"二战"期间，大约40%的港口被毁坏；"二战"后，大批的能源设施投资重建；1961年，鹿特丹自由贸易港吞吐量首次超过纽约港（1.8亿吨），成为世界第一大港。在这期间港口作业货种主要是油产品、化工品、农产品、煤炭和其他干散货。

第四时期（1961—1970年）：在此期间，港口持续往下游发展，离开了市区，推向了玛斯河口，建造了沿海的Europoot码头。此外，为了适应停靠超大型油轮的需要，兴建了水深超过20米的欧罗港，主要作业货种是原油、化工品、矿石、农产品和滚装船。

第五时期（1970年至今）：这一时期为进一步适应城市建设和环保的要求，适应船舶大型化的趋势，鹿特丹自由贸易港开始了大规模的填海造地。港口向海要地，并启动了"玛斯平原垦地项目"（Maasvlakte）。2000年，港口吞吐量达3.2亿吨，创最高纪录。目前，鹿特丹年进港轮船3万多艘，驶往欧洲各国的内河船只12万多艘。鹿特丹港有世界最先进的自动化集装箱码头，年运输量达640万标准箱，居世界第四位。

从5个演变时期来看，鹿特丹自由贸易港的发展是一个不断完善物流及贸易系统，发展港口相关产业和运输的历史；也是一个不断顺应世界航运和贸易的发展趋势，从市区河畔沿河逐步向外发展，直至向大海要地，同时建设被置换出来的地块的历史。

## 二、鹿特丹自由贸易港的行政架构

鹿特丹自由贸易港是欧洲第一大港，作为市政港，港口的基础设施属市所有。鹿特丹港实行两级管理，加之其他管理协调机构，其港口管理体制具有代表性。

（一）市政委员会

港口管理是市政府的一项职能，有关港口方面的一些工作需经市政委员会通过，鹿特丹港务局局长由市政委员会任命，重要的决策由包括市长在内的8名委员组成的执行委员会进行处理。市政委员会另设有开发港口及经济的常设咨询委员会，以及开发港口与经济的审议会。

由此可见，市政委员会是港口事务管理的主要机关，有权自主地管理本地事物，独立地承担本地的管理任务。市政委员会确定港口管理的基本原则，讨论和决定重要问题。咨询委员会和审议会则有助于国民广泛地、义务地参与港口管理，防止管理机关官僚化。

（二）鹿特丹港务局

1932年，鹿特丹市政委员会设立专门的市班港口管理机构——鹿特丹港务局，作为市政府的一部分，代表市政府对港口进行管理。港务局负责掌管港口的日常运营业务，包括港口安全、保证货物流通、港口规划等。

2004年1月1日，鹿特丹港物局成为政府公司，正式名称为"鹿特丹港口控股公司"。它是一个非上市型的公共有限公司——鹿特丹市政当局约持股70%，荷兰政府约持股30%。

从港务局的设立和改革可以看出，它是港口和临港工业区的管理者、运营者和开发者。鹿特丹港的管理机构从一个市政府服务机构转变成为一个有独立地位的政府公司，能够使鹿特丹自由贸易港更接近市场，在港口安全方面也有了更大的责任。

（三）鹿特丹市工商会

鹿特丹市工商会是官方机构，成立于1810年，负责保护港口区域商业和工业的利益。工商会的建立以群策群力、共同发展为目的，作为连接政府与企业、企业与企业的桥梁和纽带，具有整合和凝聚这些资源的能力和职能。

工商会以获得普遍公认的制度性程序和方法，调节港区商业和工业主体的利益关系，支撑市场经济运作。同时，通过多种形式和途径，监督、约束公共权力的运行，服务于经济主体和公共秩序，给港口经济发展提供了安全保障。

（四）鹿特丹港口促进委员会

鹿特丹港口促进委员会的宗旨是促进本市企业与港口用户以及新水道用户的良好关系，促使企业机构进入鹿特丹地区，密切国内外团体组织与鹿特丹港的关系。港口促进委员会为达此目的，采取了多种方法：向国内外港口用户散发样本、图表、说明书等宣传品，有规律地派遣代表团走访参观港口腹地的用户和潜在的用户等。

由此可见，港口促进委员会的设立，突出体现了统筹海港资源管理和规划建设的设计理念。向国内外以及其他新港进行业务拓展，有助于扩大港区发展平台，促进港口经济乃至鹿特丹市经济加快发展。

## 三、鹿特丹自由贸易港的政府监管方式

鹿特丹港运作和管理结构见图 5-1。

（一）制定四年一度发展规划

1992 年以来，鹿特丹自由贸易港每 4 年发布 1 份业务规划，规划中阐明了它如何发挥作用，以及在此期间的工作重点。

1992—1996 年：第一份业务规划为集装箱、货物分销、食品和化工品板块的发展和市场推销。

1997—2000 年：将港口和工业综合体置于全球环境来考虑，重点放在鹿特丹自由贸易港如何使功能商业化及如何定位。根据

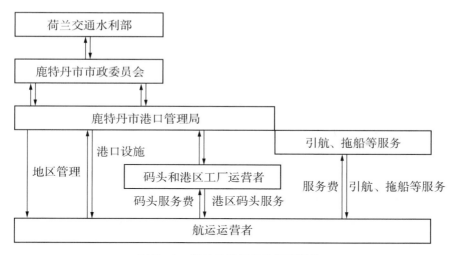

图 5-1 鹿特丹港运作和管理结构

"从港口地主到大港经营者"的转变，鹿特丹自由贸易港采纳了许多战略参股和组建合资公司的方式。

2001—2005 年：业务规划的重点是土地、运输网络和定位。同时可持续发展也成为港口总体规划的重要部分，港口用地缺少已成为一个尖锐的问题。

根据规划，到 2020 年鹿特丹自由贸易港货物总吞吐量将达到 4.6 亿万吨，同时港口的企业、基础设施和环境的安全及清洁程度将达到更高的水平。鹿特丹港 2020 年港口前景规划的思路基于以下 6 个概念：

（1）一个多功能和综合港口，能为装卸、拆箱、加工和运输提供充足的地域和设施；进行其他业务，如工业、物流、海运和贸易等。

（2）一个能持续发展和创新的港口。

（3）一个智能化的港口。

（4）一个快捷、安全的港口。

（5）一个有吸引力的港口。

（6）一个清洁、环保的港口。

## （二）出台相关政策法规

政府部门注重以法制规范港口和航道资源。欧洲交通委员会从全局对欧洲的内河航运发展进行规划，制定可以用来协调欧盟各成员方有关法规的欧盟地区统一的法律法规（如引水法、货物运输法、码头装卸法、港口进出口法、港口服务市场法等）。

鹿特丹市政府在金融、财税、土地、外汇、贸易和投资等方面出台优惠政策，形成"洼地效应"，吸引知名物流企业来港口和地区发展。在此基础上，政府规范和引导行业健康发展，整顿和维护市场经营秩序。

## （三）设立法定机构，实行综合性管理

政府设立鹿特丹港务局对港口进行综合管理，专门负责基础设施的规划建设。其中，包括水域、码头、港区及其工业区的开发，以及承担港口的日常管理。主要任务有3点：

（1）规划建设和批准授予港口经营企业工业地块及港口设施。

（2）保证安全和有秩序的水上交通并考虑环保方面因素。

（3）进行港口发展的研究和新技术开发。

鹿特丹港务局管理者角色体现在以下两方面：

（1）柔性管理方式：当局对港区长远规划、港区规章制度、土地出租、港区入区企业选择以及港区内经营活动等有较大话语权。但其本身不参与港口码头等经营活动，不参与港口业务企业间的竞争，只扮演管理者的角色。

（2）招商引资话语权：鹿特丹港务局对于入区企业十分严苛，要根据自身长远规划及定位来综合考虑选择。只有那些符合其长远战略规划并能与周边相邻企业形成良性互补的企业，才能被选择进驻。

## （四）实行政企分开的管理模式

荷兰以及鹿特丹市政府部门只负责制定规章制度、法规和部门远景发展规划，而不直接干涉或参与企业的经营活动。这样就可以使政府完全站在一种公正的立场上，为广大用户着想，并对企业进行有效的检查和监督。例如，荷兰政府交通水利部分管各种运输方式，根据利弊，有利于统一发展鹿特丹自由贸易港的多模式联运；协调不同运输方式的合理分工，如水利与航运、公共工程同属于一个部门管理，可以统筹发展航运与水利。

## （五）建立科学合理、分工明确的体制机制

鹿特丹港拥有良好的管理体制和机制，其设计非常合理，具有简单、清晰、实用、有效的特点。此外，政府引入市场竞争机制，推进港口管理体制改革，实现港口投资多元化、融资渠道多样化和维护管理社会化。

鹿特丹自由贸易港是荷兰的国有企业，有两大股东，即鹿特丹市政府和荷兰政府。两大股东组成了港务局董事会，对于鹿特丹港运营发展及规划的重大事项进行宏观决策。董事会下设执行机构，负责港口的具体管理运作，见图5-2。

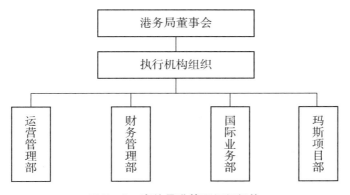

图5-2 鹿特丹港管理组织机构

港口的组织机构又细分为四大板块：一是港口运营管理板块，负责整个港区的运营管理；二是港口财务管理板块，负责港口收费和财务管理；三是港务局国际板块，负责所有海外的业务开发工作；四是玛斯二期项目板块，负责玛斯项目的开发建设。

这是鹿特丹自由贸易港进一步开拓港区空间的战略性项目。各组织分工有序，有利于稳定和提升共有资源运作的效率，实现其各自乃至共同的价值目标。

## 四、鹿特丹自由贸易港的运营模式

### （一）"产、储、运、销"一条龙式港区运作模式

鹿特丹自由贸易港采用"产、储、运、销"一条龙式的港区运作模式。码头作业、工业生产、物流运输和其他管理经营用地在港区中紧密结合、穿插交替。码头作业类型与相邻工业关联配套，保证了综合化港区的作业效率。

自由贸易港的港池多采用挖入式，分布于主航道两侧，并且坚持"深水深用、浅水浅用"的原则。现有的港区布局中，石油码头、煤码头、矿石码头多集中在新建港区，上游老港区主要为集装箱和杂货件码头，见表5-1。玛斯平原为填筑地，面积和水深则主要考虑未来大型集装箱和散货船舶装卸的需要。

表5-1 鹿特丹港土地利用规划

| 港区名称 | 码头及货物类型 | 港区其他用地 |
| --- | --- | --- |
| 瓦尔-埃姆港（Waal-Eemhaven） | 集装箱 | 物流中心、港口经营、办公、居住 |
| 梅尔沃港区（Merwehaven） | 集装箱 | 港口经营、办公 |
| 维尔港区（Vierhavens） | 集装箱 | 办公 |
| 波利斯港区（Pernis） | 液体散货 | 化工、炼油厂 |

续上表

| 港 区 名 称 | 码头及货物类型 | 港区其他用地 |
| --- | --- | --- |
| 博特莱克港区（Botlek） | 液体散货、集装箱、干散货 | 化工、炼油厂、物流中心 |
| 欧罗波特港区（Europoort） | 液体散货、干散货、集装箱 | 石化、炼油厂 |
| 玛斯莱可迪港区（Maasvlakte） | 集装箱、干散货、液体散货 | 炼油、物流中心 |
| 玛斯莱可迪2期（Maasvlakte） | 液体散货、集装箱 | 炼化产业入驻 |

### （二）集装箱运输模式和物流运营体系

鹿特丹自由贸易港是世界上主要的集装箱港口之一，采取多样化的集装箱运输形式，主要有公路、铁路和驳船集装箱运输等。作为欧洲最大的集装箱码头，鹿特丹自由贸易港的装卸过程完全用电脑控制，目前已实现港口装卸过程的无人化。港区运用国际较先进的码头操作系统（terminal operating system，TOS），以合理计划码头的集装箱，减少翻箱。

集装箱运输模式为港口物流发展提供了便利。除此之外，鹿特丹港在离货物码头和联运设施附近大力规划建设物流园区，其主要功能有拆装箱、仓储、再包装、组装、贴标、分拣、测试、报关、集装箱堆存修理以及向欧洲各收货点配送等。园区的设立有利于发挥港口物流功能，提供一体化服务。

### （三）"地主港"运营管理模式

鹿特丹自由贸易港采用"地主港"管理模式，见表5-2。政府委托特许经营机构代表国家拥有港区及后方一定范围的土地、岸线及基础设施的产权，对该范围内的土地、岸线、航道等进行统一开发。此外，以租赁方式把港口码头租给国内外港口经营企业或船公司经营，实行产权和经营权分离，特许经营机构收取一定租金，用于港口建设的滚动发展。其特点有：

表 5-2 "地主港"管理模式

| 项　　目 | "地主港"模式 |
|---|---|
| 港口辖区 | 范围较大，港口当局不仅拥有港口的基础设施，而且还拥有港口范围内土地的使用权和规划权 |
| 港口功能 | 不仅具有运输功能，还有物流、制造、加工、仓储和转口贸易等功能 |
| 管理特点 | 对港口特有功能的管理（港口内船舶航行的安全与便利、港口的商业功能、引航和拖带等） |

1. 所有权与经营权分离

鹿特丹自由贸易港土地、岸线、基础设施的所有权属于荷兰政府，并由其规划港口布局、长远发展及界定港口区域的范围。

2. 当局权责分明，非营利性管理

鹿特丹港务局属于政府管理部门，拥有很大的管理自主权和土地使用权。当局不以营利为目的，不参与市场竞争，而是通过规划和建设来实施政府对港口的管理职能。其土地或码头的租金收入全部用于港口基础设施的建设。

3. 持续性滚动开发

鹿特丹港务局对港区内的码头、航道、土地和其他基础设施进行统一开发和建设。当局将符合建设码头、库场等条件的岸线和土地出租给港口业务经营人去建设或经营，并向其收取土地出租费用。企业只需投资码头上的机械设备、库场和其他配套设施，以及雇用工人和管理人员或建设光板式码头或出租库场。港务局收取的租费全部用于港口基础设施的再建设。

(四) 绿色清洁港区建设模式

石油化工是重度污染的工业类型，在鹿特丹自由贸易港的用地中占 50% 的比例。除此之外，港口也面临土地资源紧缺及寻找新型能源以适应气候变暖的问题。港口的管理者、经营者和用户均十分重视港口的环境保护。

鹿特丹自由贸易港作为世界级的能源大港，在不断地生产和提供可靠性能源的基础上，不断挖掘和开发利用清洁的、易获取的、可持续绿色能源。例如，荷兰是风能大国，因此，在自由贸易港上也非常注重风能的收集与使用。风力电机沿玛斯河南岸一直布置到北海入海口，玛斯莱克迪二期边缘地带。2014年，鹿特丹政府、鹿特丹港务局和鹿特丹大学合作成立了"水上码头"再生能源实验室，这也是鹿特丹港区唯一的海事部门与再生能源实验室共同搭建的产学研合作平台。

## 五、鹿特丹自由贸易港的配套管理措施

荷兰政府构建了关于鹿特丹港口建设、运营、发展及其物流管理等方面的一系列政策体系。此外，通过欧盟以及荷兰关税法、税法等法规加以明确和保障，以强化港口服务的管理功能，营造鹿特丹港宽松自主的通关环境。

### （一）技术措施

鹿特丹自由贸易港通过建立公共信息平台、主导电子数据交换（electronic data interchange，EDI）标准化等系列措施实现港口服务信息化，提高港口运作效率，降低成本。具体有以下3点：

1. 加强信息化服务建设

港区面对信息网络化的全球趋势，加强其信息化建设。协同电信、海关、商检、税务、工商、银行等部门拓展综合信息服务功能，有力地促进城市第三产业（尤其是金融、保险、代理业）的发展。

2. 进行信息技术革命

自由贸易港区着力研究电子数据交换，通过它可使港口的计算机系统直接同用户、货主以及其他机构的计算机系统进行通信。鹿特丹自由贸易港采用网络化的信息系统，使港口的工作效

率出现了飞速的提高。

3. 建立国家级的信息服务平台

1994年以前，鹿特丹港EDI主要用于报关，而现在由于拥有国家级的信息服务平台的信息网络，信息应用的范围更加广阔，包括运输指令、国际铁路运单、装运通知、装货清单、货物进出门情况等，大大提高了服务效率。

（二）服务措施

世界航运的竞争日趋激烈，为了在竞争中占据有利地位，鹿特丹自由贸易港建立健全了专业化服务，促成"储、运、销"一体化运营模式。港区物流服务领域走在世界前列，不仅为客户提供港到港、门到门运输服务，同时还开展了卓有成效的中转服务。

例如，鹿特丹汽车码头是1990年新建的专业化码头，除汽车装卸、仓储业务外，还增加了汽车检测、修理、整容等一系列增值服务。预计这种各行各业增值服务业在未来运输链中将占有极为重要的作用，是关系行业服务质量提高的一个新标准。

（三）先进设施

1. 集疏运系统

集疏运系统属于港区的基础设施，不仅包括对其服务腹地的运输网络，还包括港口本身内部的运输系统。港口吞吐的货物通过一流的内陆运输网进行中转。鹿特丹自由贸易港有高速公路、铁路、水路与欧洲各国连接，覆盖了从法国到黑海、从北欧到意大利的欧洲各主要市场和工业区，空运货物可以通过鹿特丹国际机场进出。此外，鹿特丹港还为客户提供个性化运输和中转服务与多式联运相结合。

2. 专业化码头

港区内，根据货物种类的需要，建有各种类型的码头，包括原油码头、粮食码头、矿砂码头等。每个码头都根据现代专业码头的要求，配以先进的装卸、输送设备。鹿特丹自由贸易港是欧洲最大的炼油基地，无数家石化企业环绕其四周，每年均有超过1亿吨的原油进入港区，其原油码头也因此成为欧洲最大的原油码头。

3. 物流工业园区

鹿特丹自由贸易港先后建立了3个物流园区：埃姆物流园区、博特莱克物流园区和玛斯莱可迪物流园区。物流园区采用最先进的信息技术和通信设施，拥有先进的技术设备和港口间专用的运输通道，能满足不同国家和地区消费者的需求。

（四）税收及利率优惠

鹿特丹港拥有完善的海关设施、优惠的税收及利率政策。具体措施如下：

1. 设立"保税仓区"

由于自由贸易港3/4的货源为转口，保税仓可以方便货物代售寄存，并具经济性。例如，保税仓区域内企业在海关允许下可进行任何层次加工，仅收仓储费用，免征关税；保税仓区中，仓库与港区一体化，处于海关监管区域内，货物经船舶装卸后，可直接进入保税库，不需要再经过短途运输及二次或多次装卸的操作，极大地节约了操作成本，并减少了货物损耗。

2. 延期缴税政策

货物进口到欧洲需要缴纳增值税，客户可以通过税务代理延期缴纳增值税。实际操作中，当货物抵港时，外贸商无须支付增值税，可以等到定期增值税退税时再缴纳，增值税部分可直接从中抵销。所以，实际上是免付增值税的。在其他欧盟国家，像德国和法国，公司则需要在货物抵港时就立刻缴税。通过免去这些不必要的进口手续，荷兰能为客户提供一个富有吸引力的现金流优势。

3. 简化入关手续

港口海关给货主最大的方便，几乎所有商品（除不法商品之外）不受种类和数量限制都可自由出入港口。优惠政策极大地吸引了大量外国船只和货物过境，促进了贸易的发展，赚取大量运费，促进了鹿特丹自由贸易港的建设。

4. 降低贷款利率

17世纪，贸易支付结算带动全球大量资金涌入荷兰，使荷兰迅速成长为全球最大的金融中心和贸易中心。单荷兰一国的贸易量占据了全球贸易的半壁江山。鹿特丹银行为商户提供的贷款利率最低，不足其他国家的一半。由于荷兰的金融资本及低成本优势得以全球放贷，并迅速发展成为全世界最大的债权国。

5. 直接优惠与间接优惠相结合

鹿特丹自由贸易港从其"工业－服务"综合型定位出发，设计税收优惠。实行直接税收优惠与间接税收优惠相结合的手段，避免直接优惠所带来的弊端。例如，实行税收饶让、加速折旧、税额扣除、亏损弥补、投资抵免等优惠政策。

鹿特丹自由贸易港明确自身的发展需求，制定了科学合理的税收及利率优惠政策，从而形成了有效供给，实现了港区自身发展及发挥带动效应的目标。

## 六、鹿特丹自由贸易港的产业发展情况

鹿特丹港不仅是转运港，也是一个巨大的工业综合体。大量的跨国公司在此设立最重要的或是在欧洲唯一的工业联合体，它们为整个欧洲甚至全世界生产工业品。鹿特丹市拥有一条以炼油、石油化工、船舶修造、港口机械、食品等工业为主的临海沿河工业带（即临港工业区）。同时，发达的临港工业促进了金融、贸易、保险、信息、代理和咨询等服务业的发展。港口主要的产业情况如下：

（一）海运业

每年有超过3万艘各种远洋船舶挂靠鹿特丹自由贸易港，超

过 500 艘的定期班轮把鹿特丹与世界各地上千个港口连接起来。

## （二）石化产业

鹿特丹自由贸易港是欧洲油气管道运输网的起点枢纽，拥有一条绵延 50 千米的沿河石化工业带。世界三大炼油基地之一，壳牌、英国石油公司、海湾石油等世界跨国石油垄断公司都在鹿特丹设有炼油基地。

## （三）农业综合产业

鹿特丹是欧洲的农产品集散中心，港区拥有各类农产品经营的专业化公司，还有配套的粮食碾磨厂、加工厂、食品制造厂等。另外，港区还可以提供各种辅助服务设施，如实验室、谷物代理和货运代理等。

## （四）造船业和水工产品制造业

造船业和水工产业制造业包括海上拖轮、挖泥船、浮吊、勘探船、海上钻井平台等特种工具船。

## （五）食品工业

食品加工是鹿特丹的一大重要工业，其贸易、存储、加工及运输公司全集中在鹿特丹自由贸易港区。港口拥有庞大的冷藏和冷冻设施、领先的生产物流链、极具规模的货物吞吐量和雄厚的货物运输能力。

## （六）回收利用业

鹿特丹自由贸易港可称得上是世界上最大的废料港，拥有众多遍布港区、专门从事废旧物资回收利用的服务商、贸易公司及工业企业。此外，废弃物还可用于发电、蒸气、热能及软化水的应用等。

### (七) 高端服务业

发达的工业、贸易和航运促进了金融、保险和信息服务等服务业的发展，鹿特丹服务业就业比重占到70%以上。

### (八) 现代物流业

鹿特丹自由贸易港是欧洲最重要的石油、化学品、集装箱、铁矿、食物和金属的运输港口。各种物流的交汇使鹿特丹港成为特色化海港的集合体。港区大力发展物流园区和配给中心，通过物流中心对货物进行储运和再加工，提高货物的附加值，然后通过公路、铁路、河道、空运、海运等多种运输路线将货物送到世界各地。

鹿特丹临港工业的发展很好地贯彻了"城以港兴、港为城用"的思想。临港工业区已经成为鹿特丹自由贸易港的主要组成部分。临港工业与服务业的互动推动鹿特丹向现代化世界海港城市的发展，见图5-3。

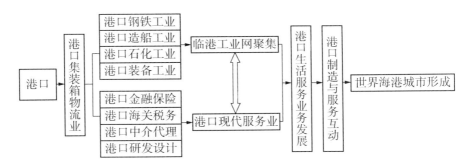

图5-3 临港工业与服务业互动与海港城市的形成

## 七、鹿特丹自由贸易港的产业发展趋势

鹿特丹港是保持40多年的世界第一大港，它的发展历史充分反映了世界港口的发展历程和趋势。经研究，世界港口发展大

体经历了四代：

第一代港口仅作为运输中心，承担着货物的运转、临时储存、发货等功能。

第二代港口增加了工业、商业活动，这些活动改变了港口甚至整个运输业。

第三代港口的功能出现了更广意义上的发展，尤其是物流和信息功能的加强，世界各大港口多数成为物流和信息中心。

第四代港口于21世纪初兴起，拥有全球资源配置的枢纽地位。

目前，世界主要港口中第二代港口仍是发展的主流，但已开始向第三代港口和第四代港口发展转变，见表5-3。

表5-3 现代港口代际发展演变

| 发展阶段 | 时间段 | 功能特点 | 生产特点 | 与用户关系 | 决定因素 |
| --- | --- | --- | --- | --- | --- |
| 第一代 | 20世纪50年代中期 | 运输枢纽、货物装卸与储存 | 保守形式，货物移动、港内交接、分项服务、低增值 | 松散、不定期等货 | 劳动力与技术 |
| 第二代 | 20世纪50年代中期至80年代 | 运输枢纽、货物中转、工贸中心、增值工业与商业服务 | 货物流动与中转，联合服务，提高增值 | 与用户关系密切、与港城关系不密切 | 资本和技术 |
| 第三代 | 20世纪80年代至21世纪初 | 多式联运与物流中心，货物、信息流动与分配，物流活动 | 高增值综合物流服务 | 生产、贸易与运输一体化，港口与用户关系密切，港城一体化发展 | 技术、信息和服务 |
| 第四代 | 21世纪初叶 | 全球资源配置枢纽 | - | - | 人才与环境 |

鹿特丹港在向第三代、第四代港口转型中走在世界港口的前列，代表了世界港口发展的新趋向，具体表现在7个方面：

（一）港口运作高效化

港口管理者表示，在未来发展规划中，现有的或新的基础设施必须更加高效率地服务于货运，并鼓励与用户达成双赢合作协议。同时，整合联通港区内外的货运能力，以便在运输方面能够提供尽可能多的货物到达最终目的地。

（二）港口货物集装箱化

如今集装箱的吞吐能力已经成为世界港口之间竞争最为重要的组成部分，集装箱吞吐量将成为衡量现代港口作用与地位的主要标志。到2035年，鹿特丹港集装箱年处理量将达到3500万标准箱，比当下多3倍。

（三）港口物流现代化

在未来发展中，鹿特丹自由贸易港十分重视港口在物流系统的节点功能和动态物流链中的枢纽作用。因为随着现代物流业的兴盛，港口作为国际贸易的最主要形式，在物流中处于核心地位。目前，鹿特丹自由贸易港是世界上最大的石油现货市场、世界有色金属储运中心和欧洲粮食贸易中心。港口在从国际中转港转变为国际贸易中心的过程中，现代物流的发展必不可少。

（四）港口运输网络化

鹿特丹自由贸易港集疏运系统由港口铁路、公路、内河、管道和城市交通系统及机场连接，构成一个有机的系统。它内连各港区码头，紧接港口工业区和市区，远通欧洲综合交通管网。在未来，鹿特丹市政府为减少公路交通运输拥挤和环境污染，增加铁路和内河运输方式的市场份额。目标是既要做到运输上的方便、快捷与低成本，也要减少对城市环境的污染。

## （五）港口服务信息化

港口信息网络化成为全球趋势，也是提高服务效率的重要手段。通信和信息在所有经济贸易中发挥着越来越重要的作用。作为贸易的一个重要环节，鹿特丹自由贸易港要想成为现代化物流的枢纽，必须进一步加强港口的信息化建设。

## （六）港口工业规模化

如今鹿特丹港工业区面积52.57平方千米，占港区总面积的一半，港口工业已成为鹿特丹自由贸易港经济的重要组成部分。约有50%的增加值来自港口工业，可见临港工业的发展与壮大将成为港口最直接的、最有保证的货源。

## （七）港口泊位深水化

近年来，船舶出现了大型化发展的趋势。环球航线上的国际集装箱班轮已经向第五代、第六代发展，满载吃水最小的也在12米以上。如此一来，深水泊位和深水航道就成为国际班轮未来主要船型对现代化港口的要求。为了适应这一形势，鹿特丹自由贸易港将不断扩建大型深水泊位，前沿水深17～23米，以满足第五代、第六代集装箱船的要求。

# 第三节　美国西雅图自由贸易港的建设经验

西雅图自由贸易港位于美国西北部华盛顿州西部沿海普吉特湾的东岸，濒临太平洋西海岸的胡安德富卡海峡的东南侧，是美国第五大集装箱港，也是美国距离远东最近的港口。该港始建于1852年，由于北太平洋铁路的修建和阿拉斯加金矿的发现而逐渐兴起。该港交通运输发达，是北美大陆桥的枢纽之一，即横贯美国东西向的主要干线北太平洋铁路的终点站，东部的枢纽为纽约。西雅图的航空、航天工业发达，是全世界最大的飞机公司——波音飞机订货量的一半以上，另外还从事火箭及太空发射器的制造。该港的主要工业还有钢铁、铝制品、服装、机械、木材加工、造船、罐头食品及汽车装配等。港口距国际机场约 15 千米，有定期航班飞往世界各地。

## 一、西雅图自由贸易港的概况

### （一）历史发展

18 世纪 70 年代，西雅图港口的第一次繁荣是由木材行业驱动的。当时一条城市的道路被昵称为"滑道"，为木材向下滑向锯木厂。"滑道"这个术语在美国词汇中被提到叫"滑行"。西雅图港的早期经济是以伐木为基础，蒸汽动力的锯木厂是该镇最大的雇主。直到铁路到达的大多数新人口是由移民在该地区工作的欧洲人组成的。当铁路来到城市时，西雅图港是主要的运输点，取代了旧金山，用于北太平洋地区的贸易。

1893 年，刺激西雅图港的市区重建和新的井喷式增长。19 世纪 90 年代末期，最剧烈的繁荣是当西雅图港成为向北方的黄金探矿者的中心供应和运输点时的克朗代克淘金热。这个热潮持续到 20 世纪初，它资助了几家新的西雅图公司。在 1880 年，约有 3500 人住在西雅图港。到 1900 年，全市人口达到 8 万人。到 21 世纪初，西雅图港是国家主要的海港之一，拥有 80 多千米的码头。它的"开放城市"政策，允许赌场、妓院和沙龙的运作，使得西雅图港也成为臭名昭著的城市。

到 1910 年，西雅图港的人口近 25 万人。改革者驳斥了开放城市政府，并于 1916 年禁止销售和消费酒精。禁止持续到 1933 年。改革者也在西雅图港进行了其他改变。

20 世纪初期，西雅图的造船繁荣开始。西雅图港是"二战"期间太平洋部队的重要出发点，飞机制造商西雅图的波音公司提供轰炸机。

20世纪80年代和90年代，高科技知识部门开始迅速发展，将来自世界各地的新移民加入西雅图港。到21世纪初，大约有200万人住在大都会地区，繁荣的新时代开始了。限制高度和发展密度的土地利用方案褪色到背景，西雅图港公民为交通堵塞和城市污染的现代问题奋斗。到2006年，市议会投票增加了市区对发展的限制。

20世纪90年代，硅谷部分高科技公司被吸引到西雅图港。微软、亚马逊、德国电信和真实网络科技是到西雅图港安家的新公司之一。业务涌入也带来了新的移民。尽管在20世纪20年代初网络广播行业结束，但这些公司在西雅图依然强劲。

进入21世纪，西雅图港被誉为美国最宜居城市之一。高科技、互联网商业、艺术在大都会地区积极发展。先进城市主导绿色建筑、可再生能源和循环利用。作为艺术的领导者，西雅图港吸引了来自世界各地的有才华和有创意的人士，给西雅图港口带来了国际天赋。

（二）地理区位与战略定位

西雅图港位于美国西北部华盛顿州西部的普吉特海湾之内，为天然良港。它是北太平洋航线的主要起讫点，是通往远东和阿拉斯加的重要门户。它工业发达，是美国著名的飞机巨头"波音"公司总部所在地。生产世界喷气客机总数在50%以上，其他产业有钢铁、铝制品、服装、木材加工等。

（三）交通运输与港口建设

1. 交通运输网络

（1）铁路。货物海运码头和伯灵顿北部的农场附近出现的频率最高。这段路途在码头和铁路码头之间循环。离开港口的卡车市中心以南的终端必须在国道519或斯波坎街东行的铁路码头。进出海运货物码头取决于在集装箱码头与港口另一端之间增设备用航线。西雅图已指定卡车路线高速公路交通在码头周围的核心区域进入，其发展展示了良好的多式联运的持续重要性和良好的管理。

（2）高速公路。贯穿西雅图南北的主要高速公路为 I-5 号州际公路，而来往邻市表尔威的主要公路则为 SR-520 和 I-90 号州际公路，其中西雅图为 90 号州际公路的西岸起点，向东走可直达波士顿。西雅图市中心还有一条延着市中心海边的快速道。

（3）航空。西雅图-塔科马国际机场是美国华盛顿州大西雅图地区的一个主要机场，距西雅图市中心 19.3 千米，约 30 分钟车程。目前，西塔国际机场是美国西北最大的机场之一，也是全美国繁忙的机场之一，主要服务西雅图、塔科马市、大西雅图都会区及其附属区域。

2. 港口建设

（1）港口服务范围。装卸设备有各种岸吊，集装箱门吊、重吊、回转吊，拖船及滚装设施等，其中集装箱门吊最大起重能力为 50 吨，重吊达 200 吨。港区露天货场面积为 14 万平方米，仓库总容量达 70 万吨，货棚面积为 30 万平方米。集装箱码头面积达 140 万平方米，其中最大的是哈珀岛第 18 号码头，水深达 15 米，有铁路站场可以从集装箱船上直接向双层集装箱列车装箱，扩大了多式联运的运输。谷物码头全部自动化，最大可靠泊 20 万载重吨的船舶，装卸效率每小时装 3500 吨。大船锚地最大水深达 36 米。该港对外贸易区自 1945 年建立以来，目前面积已达 5.67 平方千米。1994 年集装箱吞吐量已达 140 万标准箱，比 1993 年增长 21.6%。

该港主要出口货物为谷物、鱼、牛油、机械、小麦、纸浆及废纸等，进口货物主要有纺织品、木材、新闻纸、轿车、胶合板、石膏、香蕉及杂货等。

为了适应集装箱船舶的逐渐大型化，西雅图港务局已实施扩建集装箱码头的"2000 年"计划。此外，还开始自西雅图至迈阿密港之间的卡车直达运输，以充实国际多式联运。

## 第五章 "港口+工业"型自由贸易港的建设经验

（2）码头建设。西雅图港区铁路运输使用美国最大铁路集团美国伯灵顿北方圣太菲铁路运输公司的优势，缓解港区交通的拥塞。自从美国大北方铁路于公元1893年全线通车，以及巴拿马运河通航、华盛顿湖运河的竣工通航、史密斯湾码头及杜瓦米什水道的开发，西雅图港迅速发展成美国通往阿拉斯加的重要港口。西雅图港的货码头主要分布在第5号、第18号、第46号码头。第5号货柜码头占地0.74平方千米，码头海岸总长度884米，水深15米，3座货柜轮船席，配备5台超巴拿马型装卸桥式起重机。码头货柜堆置场地具备冷藏货柜电源插座600组，码头上的联运堆场容量为54辆车位。第5号码头货柜的另外一个功能，就是能够装卸各种规格的超重量、超长度、超宽度之特殊货物。

表5-4是西雅图港口码头概况（总共46个码头有完善的码头设备）：

表5-4　西雅图港口码头概况

| 序号 | 码头名称 | 席位数量 | 长度/米 | 深度/米 | 功　　能 |
|---|---|---|---|---|---|
| 1 | 第2号 | 1 | 243.8 | 12.19 | Rail Slip |
| 2 | 第5号 | 3 | 883.9 | 13.72-15.24 | （超重长宽）特殊货物、货柜 |
| 3 | 第18号 | 5 | 1889.8 | 13.72-15.24 | 货柜、散装货、液体散装货（非石油） |
| 4 | 第25号 | 2 | 481.6 | 12.19 | 货柜 |
| 5 | 第30号 | 2 | 563.9 | 12.19～13.72 | 游艇、客轮 |
| 6 | 第37号 | 1 | 228.6 | 13.72 | 货柜 |
| 7 | 第46号 | 2 | 830.3 | 15.24 | 货柜 |
| 8 | 第48号 | 3 | 182.9 | 10.70 | 渡轮 |
| 9 | 第86号 | 1 | 438.9 | 15.24 | 散装壳类 |
| 10 | 第90、91号 | 14 | 2607.3 | 10.97 | 特殊货物、驶上/驶下 |
| | | | | | 冷冻货物、杂货、渔船 |
| 11 | 第103号 | 2 | 182.9 | 15.24 | 散装壳类 |

续上表

| 序号 | 码头名称 | 席位数量 | 长度/米 | 深度/米 | 功　能 |
|---|---|---|---|---|---|
| 12 | 第 104 号 | 2 | | | 自由贸易区 |
| 13 | 第 106 号 | | | | 码头仓库 |
| 14 | 第 115 号 | 4 | 365.8 | 8.53 | 特殊货物、冷冻货物、货柜 |
| | | | 121.9 | 8.53 | 钢、杂货、驳船、驶上/驶下 |
| 15 | 第 16、17 号 | | 335.3 | 10.70 | 驳船 |
| 16 | 第 66 号 | 3 | 579.1 | 10.70 | 游艇、客轮 |
| 17 | 第 69 号 | 3 | | | 高速游艇、游艇 |

资料来源：李齐斌. 美国、华盛顿州、西雅图港口与码头研究 [J]. 海员月刊，2017，(760)：33-36。

## 二、西雅图自由贸易港的运营与管理模式

100 年前，西雅图港的自然港口由铁路公司控制。该地区是铁路轨道、仓库和码头、不吸引人的收藏品的聚集区。当居民反抗时，华盛顿州议会通过了"港口区法"，赋予独立的政府机构在该国境内经营港口的权力。

### （一）集约式管理体制

美国西雅图港对外贸易区由西雅图港委员会负责管理，隶属于华盛顿商业署的国际贸易部，西雅图港对外贸易区包括西雅图港和西雅图-塔科马国际机场等 5 个站点。

西雅图港对外贸易区有 5 个部分：航空部、海港部、不动产部、资产发展部、公司管理和技术服务部。西雅图-塔科马国际机场是美国西岸（不包括阿拉斯加州）的第三大国际货运机场，也是华盛顿最主要的国际空运中心之一；西雅图港为华盛顿州最大的港口、全美第八大港口、北美第十大港口。

## (二) 政府宏观监管制度

美国西雅图港对外贸易区的监管政策包括统筹性的管理政策和对外贸易区的内部经营管理政策两个部分。

统筹性的管理政策由美国对外贸易区的最高管理行政机构对外贸易区委员会制定，主要包括对外贸易区的宏观决策、调控、监督和协调等相关政策；美国海关总署负责配合对外贸易区委员会行使海关管辖权，对进出货物和人员活动进行监督管理；同时引进民间性组织——美国对外贸易区协会参与监管协调，对监管工作中遇到的共性问题进行讨论与协商，并与相关政府管理部门一起共同解决。

对外贸易区的内部经营管理政策主要由经过对外贸易区委员会授权的法人团体或私人公司制定。

对外贸易区在监管和税收方面，除了西雅图港委员会规定的对外贸易区税率以外，还可以享受到很多税收减免优惠政策：货物进入西雅图港对外贸易区时，不需要立即缴纳关税和联邦税，可以延期至商品通过对外贸易区码头进入美国国内市场时再缴纳，且关税与联邦税的延期缴纳政策同样适用于西雅图港对外贸易区内的港口维持税；货物从西雅图港对外贸易区进口后再由该对外贸易区出口（即转口贸易）时，可以获得关税的豁免；进口货物在西雅图港对外贸易区内储存、装配、维修、加工和重新包装时，可以获得州或地方从价税的豁免；当没有配额时，货物可以暂时储存在西雅图港对外贸易区内，同时，美国海关或者码头的下一个配额开放时，可以立即通过美国海关。

## (三) 区港一体化运作

美国商务部批准了可选址框架项目，旨在帮助在西雅图港内从事进出口、装配、仓储和物流的企业能够更快捷地申请进入西雅图港对外贸易区。可选址框架项目要求入驻企业向华盛顿州商务署提交申请，申请成功后，可以以指定的西雅图港对外贸易区地点为基础，在整个华盛顿州的对外贸易区内进行各项活动。可选址框架项目主要针对某些入驻企业，包括从事进出口业务的企业、仓储管理和运营的企业、制造商、第三方物流公司以及货物配送设施提供商等。

西雅图港对外贸易区提供高效、便捷的仓储、物流服务。传统的运输方式必须经过海关的审核才能进入仓库，但西雅图港对外贸易区的企业可以直接将集装箱从西雅图海港码头卸货、装载并运往仓库，从而节省了大量的时间成本。

## 三、西雅图自由贸易港的税收政策

西雅图港的收费项目包括码头费、港口税、泊位费、租船费（商船、渔船、旅游观光船）、商业设备租用和存储费、服务费以及水电等杂项费用。各类收费项目情见表5-5。

表5-5　西雅图港收费项目介绍

| | |
|---|---|
| 码头费 | 固定费用，用于货物清关的储存设施、港口的安全以及整个港口应急管理的协调。其收费方式按照每一只船舶所载货物的数量、体积或重量收费。进口的收费标准高于出口的收费标准 |
| 港口税 | 用于船舶使用西雅图港船运航道的供应和维护费用。2018年西雅图港征收港口税为7200万美元。港口税按每艘船的所载货物的总重量以及在西雅图港停留天数收费。进入港口的船舶的港口税标准高于出口的标准 |
| 泊位费 | 泊位费分为商业船舶泊位费和渔船泊位费。按月计算，商业船舶的泊位费非高峰时期24美元/往返，高峰时期26美元/往返。商业泊位费用高于渔船泊位费，渔船的泊位费用按注册长度计算月费率（内含12.84%的船舶租赁费） |
| 租船费 | 商业船舶租用费用高于一般的渔船和旅游观光租用船只费用。观光旅游租用船舶可以提前打电话给预订部，在指定码头区域上下载。按照规定，连续30天以上停泊的船舶，从第一日起，必须缴纳12.84%的租赁费 |

续上表

| 商业设备租用和存储费 | 对港口叉车、起重机、各类商业设备、操作员等的租用以及货物卸载存储费用。各项费用按不同的收费标准进行征收，电费另按西雅图市的电费单独收取 |
|---|---|
| 服务费 | 服务费是指船舶进入西雅图港后为其保留的船坞费用以及进入船坞内港的引导费用 |
| 杂项费用 | 水电费单独按西雅图市的费用收取，包括废物废料处理费、协助处理溢油及事故管理的服务费用以及安全费等 |

资料来源：www.portseattle.org。

## 四、西雅图自由贸易港的产业发展

西雅图港是太平洋西北地区主要的经济引擎之一。从渔民和沿岸工人到华盛顿中部的干草种植者，从派克市场等旅游目的地的商店到微软和波音等企业巨头，港口几乎涉及经济的每个方面。港口保留了美国马丁协会根据2013年收集的商业活动数据来衡量港口的经济贡献。该报告表明港口是促进区域可持续繁荣的强大动力。它表明，海运货物业务、捕鱼、邮轮运营、休闲划船、飞机场建设运营、港口房地产租户和西雅图－塔科马国际机场合并产生以下内容。

### （一）海运货物业务

港口的海运业务是整个区域内与贸易、运输和物流相关的经济集群的基石。2013年，港口货运设施创造了8902个直接工作岗位，其中包括码头工人、卡车司机以及铁路、货运代理、政府机构和造船厂的就业岗位。然而，港口设施的经济意义已经超越了交通运输行业，成为农业、航空航天、零售、海鲜和工业机械等多种行业。西雅图海港将农民和制造商与世界市场连接起来，这也是华盛顿名列美国最大出口国之列的原因之一。除了海港的直接、间接和诱发的工作影响外，华盛顿州的175664个工作岗位与通过港口海运码头的货物有关。这批货物的经济活动为474亿美元，占该州GDP的11.6%。

2015年11月，西雅图－塔科马港的吞吐量达到28.4万标准箱，其中进口箱量11.7万标准箱，同比上升21.3%；出口箱量10.9万标准箱，同比上升37.7%。1—11月累计吞吐量达到333.9万标准箱，同比上升5.9%。其中，进口箱量132.2万标准箱，同比上升5.4%；出口箱量120.9万标准箱，同比上升10.8%。西雅图港首席执行官认为，未来25年的目标是港口年集装箱吞吐量应超过350万标准箱。

除了对西北经济的影响外，西雅图港还是一个具有国家重要性的贸易门户。西雅图的大部分进口货物运往中西部地区并向东。西雅图还提供从美国大陆到阿拉斯加和夏威夷的关键连接。

### （二）飞机场的建设与运营

除了创造109542个直接就业机会以及其他间接和诱导性收益之外，西雅图机场还提供更广泛的功能，使其他经济部门能够在西北太平洋地区蓬勃发展。当今的全球经济使得雇主几乎可以在任何地方开展业务，而一流的机场对于需要与全球客户、供应商和合作伙伴进行高效旅行联系的全球企业而言至关重要。

作为西雅图机场为西北业务成功做出贡献的一个例子，每周大约有3000名微软员工通过机场飞行。机场是华盛顿旅游部门的支柱，在国内生产总值方面位列全州第四大产业。西雅图机场是全州旅游活动的门户，包括几个乡村县，旅游业对当地经济尤其重要。西雅图机场也是西北航空的主要航空货运网关。某些行业，包括一些被认为是现代经济的主要部门的行业，需要获得航空货运设施以最大限度地提高竞争力。

### （三）邮轮业务

大量的港口投资将西雅图港建设成为一个蓬勃发展的邮轮母港。西雅图自2000年迎来第一艘本港船舶以来，已发展成为阿拉斯加巡航的市场领导者,现已成为美国西海岸最大的邮轮港口。

2013年,该港口的66号码头和91号码头的两个邮轮码头服务了187艘船舶和870994名乘客。每当一艘母港邮轮停靠时,它将为当地经济贡献250万美元。作为一个具有广泛影响力的行业,邮轮业务创造了以下内容:

(1)海事服务行业的工作,包括飞行员、拖轮、码头工人和其他在港口为游轮服务的公司。

(2)游客行业影响(大多数邮轮乘客至少花了一晚航行前后的地区,为迎合游客的酒店、餐厅、景点和其他业务带来好处)。

(3)最大限度地提高邮轮行业的经济效益,港口鼓励邮轮线路考虑本地采购物资和服务,并鼓励乘客延长整个华盛顿州的休假。

(四)渔船运营

西雅图是北太平洋渔船队的所在地,其中包括在阿拉斯加湾运营的船只。在阿拉斯加海域捕获的海鲜约占美国商业渔业收获量的56%。大部分位于西雅图的船队停泊在3个港口的物业。

渔民码头和海事工业中心为数百艘商业渔船和工作船提供泊船。91号码头是捕捉器、处理器和用于冷冻、加工和分配渔获物冷藏设施的所在地。虽然捕鱼发生在阿拉斯加海域,但华盛顿居民占据了阿拉斯加海鲜产业创造的所有美国就业岗位的28%,而大多数主要海鲜加工商总部位于普吉特海湾。

西雅图的渔港设施支持8253个直接工作,年平均工资接近82000美元。直接从业人员包括:① 渔船船员。② 提供支持服务的公司的雇员,如造船厂、保险经纪人、律师以及渔具和电子设备的供应商。③ 码头高地地区的零售、餐厅、办公室和陆地鱼处理服务人员。

## （五）房地产

西雅图港管理着许多商业和工业用地，致力于实现公众投资的积极回报，并产生长期的、区域范围的经济利益和创造就业机会。港口商业物业的入住率高于西雅图市场平均水平并高于目标。这些属性是独特的，因为它们靠近机场和海港运输设施，商业租户将从机场附近获益。港口寻求开发和管理这些物业，以创造和最大化与其他港口业务线的协同作用。例如，该港口将西雅图机场以南的物业租赁给得梅因溪商业公司（Des Moines Creek Business）的建设开发商，港口拥有的其他资产包括提供港口邮轮业务的设施，希尔索勒湾码头（Shilshole Bay Marina）、贝尔港码头（Bell Harbor Marina）、哈尔伯尔岛（Harbour Island）和渔民码头的休闲码头设施，以及世界贸易中心和贝尔港国际会议中心等接待设施。

## 五、西雅图自由贸易港建设与发展的经验总结

### （一）西雅图港建设与发展面临的挑战

目前，西雅图港的基础设施建设还不能很好地迎接大型货物和商船的到来，现已建成一个新的码头——SSA18号码头，建成后有3架超级后巴拿马型起重机，能处理未来十年上线的新一类集装箱船。

同时，其他西海岸和北美港口也对西雅图港的货运吞吐和商务流通造成冲击。西雅图港需要通过不断了解其他港口的能力和增长计划，来了解自身在全球体系中的角色，并站在最有竞争力的位置。比如，了解到墨西哥港和加拿大港希望在北美贸易增长中增加港口的市场份额。

西雅图港口也面临着来自其他美国港口的挑战。比如，东海岸港口的增长速度超过了美国港口发展的整体速度。2016年巴

拿马运河扩建完成,提高了远洋货轮在亚洲-东海岸航线部署更大型船的能力。东海岸港口会和西海岸港口争夺驶往美国中西部和东部的货轮。

(二) 西雅图港建设与发展的经验

美国西雅图港对外贸易区在港区的管理制度设计上灵活地将政府的行政监督管理与市场依法运行力量有机地融合到一起。由美国对外贸易区委员会和海关等政府机构主导港区的宏观管理,制定相关的管理政策,并创造性地在港区宏观管理机构中引进了民间行业组织的力量。这样一来可使制定的相关政策更加切合实际需要,更好地为港区的运行和发展掌控方向。港区内部管理政策实行由港区内经过授权入驻的企业自行制定,积极发挥市场力量促进港区内部自由运行,最大限度地发挥自由贸易港区对经济发展的促进作用。

但是,华盛顿交通规划发现:"重要的结构力量正在重塑全球的政治和经济关系。华盛顿州是这些变化的一部分,并受到这些变化的影响。全球随着中国和印度经济趋势的转变,竞争力正在被重新定义。交通运输与美国未来的经济密不可分,消费者对全球商品和服务的需求持续增长。这些变化继续以多种方式影响华盛顿州。华盛顿有两个最大的国际贸易港口。预计在未来20年内,港口将至少增加3倍。"

# 第六章 "港口+工业+服务"的"1+N"模式自由贸易港建设经验

## 第一节 迪拜杰贝阿里自由贸易港的建设经验

### 一、杰贝阿里自由贸易港的基本情况

迪拜杰贝阿里自由贸易港成立于1985年,位于迪拜城区西南约50千米处,依托世界第三大港口——杰贝阿里港。目前,自由贸易港内进驻企业超过7000家,贸易额占迪拜非石油贸易总额的25%。

杰贝阿里港区整合海运-空陆-公路运输-铁路运输交通网,其中,海运-空运间的中转时间从4小时下降为不到1小时,将物流效率和区域货运能力提升了3倍。

(1)海运。杰贝阿里港是迪拜发展最快的港口,拥有全球最佳的海洋货运周转能力以及150条货运航线,年货物吞吐量达到1900万集装箱。

(2)空运。迪拜国际机场作为全球十大最繁忙的货运机场之一,年吞吐量达到270万吨,距离阿勒马可图姆国际机场仅30分钟车程。

(3)陆运。杰贝阿里港拥有发达的公路网络,数天之内可将货物运输到各海湾国家甚至整个中东地区。

(4)铁运。在建的阿提哈德铁路线将杰贝阿里港与整个阿拉伯半岛连接。

## 二、杰贝阿里自由贸易港的政府管理架构

### (一) 杰贝阿里自由贸易港区管理局

杰贝阿里自由贸易港区管理局成立于1985年,实行政企合一的运营方式,以市场为导向,为企业提供"一站式"的行政服务。该管理局拥有政府职能的实体公司,母公司为"经济区世界",隶属于"迪拜世界集团"。

### (二) 迪拜港务局

迪拜港务局成立于1991年,直属于迪拜政府,对拉什德港和杰贝阿里港的港口运作以及杰贝阿里港的管理试行港区联动一体化运作管理。承担两个港口和港区的基础设施建设和港口发展工作,对外执行政府职能,对内管理加工区的一切事务。

## 三、杰贝阿里自由贸易港的政府监管方式

### (一) 统一立法,建立结构清晰的体制机制

在阿联酋宪法与联邦法律允许的范围内,迪拜酋长颁布2014年1号法律和2014年15号法律,设立迪拜创新产业集群,统一规定其优惠政策。依法设立迪拜创新产业集群管理局,授予管理权力。如2014年1号法律决定以类似正面清单的形式列举了自由贸易港和周边自由区许可的商业行为,并规定许可的类别、许可的内容与限制、许可的相关费用等。此外,管理局自行制定的许可规章进一步规范投资者获得许可后的商业行为,包括商业广告的内容与形式、资金来源、信息披露、雇员待遇、企业名称选择等内容。

## （二）设立法定机构，实施自由贸易港集约式管理

杰贝阿里自由贸易港区管理局设有主席、理事长和执行机构3个层级架构，被授予4类管理权力。

（1）决定宏观政策与核心制度，包括决定各个自由贸易区的产业类别和相应的管理制度。

（2）总体规划并管理自由贸易区，包括制定自由贸易区规划并管理建设工程，与其他政府部门开展交易活动，享受自由贸易区所需的财产权，还可以组建委员会和协会等管理机构。

（3）管理企业经营行为，包括管理企业注册和许可并收取费用，监管企业日常经营活动，允许企业所需货物进入园区并合理存放，允许企业提供相应的金融服务。

（4）与相关部门、机构开展合作，包括设立或投资组建企业以开展与管理局职能相关的活动，就创新创业问题与当地、联邦、区域、国际等层面的组织机构及其他自由区开展合作。

## （三）对贸易投资实行"一站式"统一监管

（1）允许大部分商品自由进出自由贸易港区。采取一切有利于加快货物流通效率的措施，提供各种个性化服务。

（2）无外汇管制。外资企业可以100%独资，不受阿联酋公司法中所规定的外资49%、内资51%条款的限制；资本和利润可以随时100%汇出境外，不受任何金融和货币政策限制；货币可以不受限制地自由兑换。

（3）海关通关手续和程序简单快捷。办理审批进出口手续、签证等可以在24小时内办结。办理投资审批手续可以在7天内完成。

## 四、杰贝阿里自由贸易港的运营模式

### （一）"自由贸易港+若干特色产业园"

迪拜的杰贝阿里自由贸易港是典型的拓展版自由贸易港，即"1+N"型自由贸易港。"1"即围网内的杰贝阿里自由贸易港，"N"即周边的几个产业城（迪拜金融城、迪拜互联网城、迪拜媒体城等）。

（1）杰贝阿里港定位为低投资、低运营成本的工贸结合型自由贸易港。专注于物流贸易供应链管理、加工制造再出口等相关业务，目的是实现贸易便利化的功能。杰贝阿里港设有物理围网，主要进行区域监管（海关特殊监管区）。

（2）杰贝阿里港周边各个特殊产业城则享受人才、资本、技术的自由政策，实现特殊产业的高速集聚。各个特色产业城不设置物理围网，主要进行产业政策监管和企业自主管理。

### （二）只租不售的土地运营管理方式

杰贝阿里自由贸易港的土地政策和迪拜其他的自由贸易区域一样，采取只租不售的形式。土地租赁的年限为15～50年不等，允许续签。

租赁期间，企业可以申请分租场地，管理机构可以自由裁定对分租的审批，包括次承租者和分租数目等。

租赁企业撤离时，原来的厂房等地面设施以招租或者拍卖形式处理，场地要求复原。

针对只租不售，自由贸易港还建立了淘汰机制，如果租赁企业不能达到一定的港口年货运量要求，将被停止租约。

### （三）第三方机构的作用

授权国有企业管理园区土地，避免国土资源流失。特康集团负责迪拜创新产业集群内土地的开发建设，通过出租商业用地并收取租金。

授权运营团队提供园区服务，切实便利企业需求。特康集团以建设商业社区为主营业务，具体负责事项包括基础设施建设、吸引投资、租售商业用地、提供协助办理各类行政手续的专业服务等。

## 五、杰贝阿里自由贸易港的配套政策支持

### （一）优惠的税收政策

杰贝阿里自由贸易港制定了一系列大力的税收政策，优惠幅度非常大，具体的做法如下：

（1）规定50年内免除公司所得税、公司营业税，所得税和资本收益税期满后延长15年免税期，无个人所得税。

（2）无进出口关税和再出口关税。

（3）自由贸易港内存储、贸易、加工制造均不征收任何税收。

### （二）其他支持政策

跨国招募员工不受限制；可以向银行抵押不动产等优惠政策；园区内企业使用专门的许可规则，对投资者国籍无限制。

# 第二节　韩国釜山自由贸易港的建设经验

釜山港是韩国最具代表性的门户港口，也是东北亚最大的中转枢纽港，为地区经济发展提供了坚实的支持。釜山港位于韩国东南沿海，东南濒朝鲜海峡，西临洛东江，与日本对马岛相峙。码头线总长8681米，具有可靠泊1万集装箱以上级别船舶的条件，平均水深达16米以上，且拥有先进的装卸设备。作为1876

年开放的韩国第一大集装箱港口,自20世纪90年代以来,釜山港已发展成为一个全球贸易港口,全球货运繁忙,每年处理超过1800万集装箱的货物。为了吸引更多的货物,釜山港非常重视生产和服务。不仅如此,当地政府正通过摆脱外部增长为主的导向政策,打造以创造高附加值和就业机会的全球豪华港口。釜山港建设是一个系统工程,致力于在中国、日本港口的牵制和全球先驱者不断建设、全球经济萎缩等各种竞争条件下跃入豪华港口阵营。

## 一、韩国釜山自由贸易港的概况

### (一) 区位及交通优势

1. 良好的区位条件

具有得天独厚的地理位置条件。作为东北亚物流枢纽,釜山港连接中国、日本和俄罗斯的支线网络的中心带。同时,它位于连接大陆与海洋的世界三大主航线之上。此外,釜山港地处东北亚的中心地带以及世界贸易的核心地区,可在此搭乘3个小时的飞机选择抵达60多个人口超过百万的城市。

港口自然条件优越,气候适宜。釜山港属于温带季风气候,因被山和岛屿环绕,港内水面平静且潮水的涨落较小,且几乎没有雾和台风的影响,因此可实现船舶365天24小时随时进港。良好的气候条件为釜山港港口建设、航运物流等提供着迅速、准确、安全的世界一流港口服务。

背靠市场潜力巨大的东北亚,腹地广阔。东北亚有15亿人口,包括中国、日本、俄罗斯东北部、韩国、朝鲜和蒙古。目前,东北亚(包括韩国、中国和日本)约占全球GDP的20%,占世界人口的25%,约占全球贸易的20%。预计到2020年占世界贸易总量的1/3,是世界三大经济发展轴心之一。

2. 发达的交通网络

建立了"海运－空运－公路－铁路运输"复合立体交通网络，覆盖各种类型的交通方式，大大提高了海港的建设能力。

（1）空运。金海国际机场承载了主要的客货运工作量，进一步扩充滑道至314400平方米，进一步承载更高旅客和货物的吞吐量。

（2）海运。釜山港形成了一个全球海运网络，与世界100个国家的500个港口进行了货物交换。釜山港在原有港口的基础上，新建港口，竣工后将共有45个泊位集装箱码头，形成一个线路馈线网络，能够处理超过2200万标准箱的货物。

（3）铁路。目前，加德线、庆全线等铁路将釜山港与全国连接。未来，朝鲜与韩国间的铁路建成时，便能够与亚欧大陆铁路相连通，从而贯通中国、俄罗斯与欧洲的铁路运输，并能够成为东北亚货运的终点。

（4）公路。新建和扩建大邱－大同高速公路等两条道路，建成鸣旨大桥连接釜山港－釜山新港，节省物流费用（总长5.2千米，往返6车道）；建成巨加大桥，连接釜山－巨济岛的道路总长为8.2千米；扩充公路，进一步增强陆运的运输能力。

（二）历史演进

从15世纪早期开始，釜山即被韩国开放为商贸港口，并与日本开展贸易往来。1876年，釜山港作为韩国第一个国际性港口得到重点建设。1924年，开设的通往中国、俄罗斯的蒸汽火车进一步加深了与东北亚国家的贸易合作与往来。20世纪初，釜山港由于京釜铁路的通车而迅速发展起来，成为韩国海、陆、空交通的枢纽、金融及商业中心，在韩国的对外贸易中发挥着重要作用。1978年始，釜山港开放了3个集装箱港口码头，当年釜山港的设施和吞吐能力使其成为世界第三大港口。但是，21世纪初，随着中国青岛港、深圳港、上海港、大连港和日本东京港、神户港、名古屋港等一些港口的迅速崛起，釜山港的世界港口地位被中国上海港和深圳港所超越，因而进一步加快了港口市场运作、设施建设和开放政策等方面的改革及发展。

（三）功能定位

釜山港凭借着优越的区位条件和悠久的历史积淀的发展基础逐渐形成了"港口+工业+服务"的综合型港口，并进一步朝着纵深方向发展，逐步升级为兼具物流、海洋旅游及商务、港口相关服务这三大功能的枢纽港。釜山港一直致力于将港口打造成面向未来的东北亚物流中心之一，不断提升港口服务，创造产业高附加值，且树立自身特色的海洋旅游文化领域国际品牌。

## 二、釜山港的运营及管理模式

釜山港采取的是"一港一企"的管理体制，统一由韩国釜山港务局（Busan Port Authority，BPA）建设、运营港口，中央政府进行监管。釜山港港埠原系国营事业组织形态经营，为提升经营绩效以及建立东北亚货物运转港及物流中心的中枢地位，后由中央通过特别立法的程序，成立公社经营，运用市场行销机制，扩充和改良港口设施以提升竞争力。2004年，由BPA正式接管釜山港的建设发展。

（一）BPA的战略愿景

BPA将釜山港与公司的发展紧密相连。一方面，在面向外部增长和价值在海事和港口产业为补充的数量增长为目标地过渡到质的增长，紧张的全球扩张创造使该地区已经获得了销售网络，跃入世界第二大转运港；另一方面，集中于公司业务的成长，反映客户的期望和提高业务多元化的核心竞争力，为实现从可持续增长到走向世界的全球自由贸易港跃进。

## (二) BPA 内部机构及管理模式

BPA 主要组建了管理总部、运营总部、施工总部、国际物流事业部、开发事业部 5 个职能部门，还成立了审计署、秘书室和物流研究中心 3 个专属部门，由首席执行官和港口委员会统一管辖所有部门。见图 6-1、表 6-1。

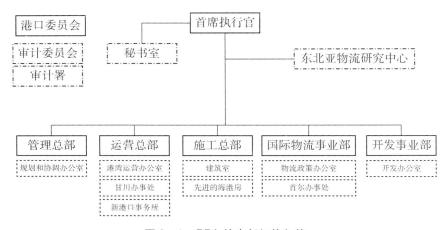

图 6-1 BPA 的内部机构架构

表 6-1 BPA 各个部门的职责分工

| 部　　门 | 主　要　职　责 |
| --- | --- |
| 首席执行官 | 制定和实施公司战略，全面主持公司的管理工作，执行集团的决定等 |
| 港口委员会 | 拟定港埠经营建议报告、重大决策表决、监督港口工作的开展等 |
| 审计署<br>（审计委员会） | 主要负责公司的审计、检查工作，开展反腐、诚信的监督活动，提高服务管理与公共服务管理 |
| 秘书室 | 协助首席执行官处理公司管理日常事务，协调各部门的关系、章程的制定与文件的处理等 |
| 东北亚物流研究中心 | 主要进行东北亚地区物流与供应链科学研究、政产学研合作，提供规划发展报告等，属港口的高端智库 |

续上表

| 部　　门 | 主　要　职　责 |
|---|---|
| 管理总部 | 主要负责管理支持、投资预算，进行改革关系处理、创新评估 |
| 运营总部 | 主要负责港口运营政策的制定与规划，包括沿海码头及相关产业的运营、国际客运站、航运中心等的运营 |
| 施工总部 | 主要负责港口建设计划的制订、港口设施的建设及完善 |
| 国际物流事业部 | 主要负责国际物流业务的战略实施与推广、开展国际业务合作与拓展，同时保障信息安全和隐私、合理信息规划发展。下设的首尔办事处开展营销与研究、处理国民议会和政府相关事务 |
| 开发事业部 | 主要负责业务拓展、基础设施建设、联系客户和投资者 |

（三）外部监管部门

釜山港的建设与发展经过改制由 BPA 运营建设，但是仍然接受着韩国政府的直接监督与审查。由于 BPA 仰赖韩国政府出资成立，每年需将经营成果研拟报告提送韩国政府进行评估、审查，并且其年度预算须提送国会审议，直接接受韩国政府的监督。BPA 的首席执行官也是由韩国海洋水产事业部提名，经韩国总统任命。根据《港口建设法执行令（第18147号总统令）》《港口建设法（第06918号法）》等法律文件对 BPA 的经营进行监管。

## 三、釜山港的产业发展与转型升级

釜山港在面对来自中国、日本等周边国家港口的挑战时，紧抓港口建设和升级，不断向着东北亚物流中转中心的港口升级改造，因而始终将物流和集装箱业务作为港口的支柱产业重点发展，进一步扩大港口的吞吐量。

## （一）打造面向未来的东北亚物流中心

釜山新港区目前运营着22个泊位，作为未来型泛在网络港口，创造着高附加值。到2020年45个泊位将全部开放时，将作为年货物处理量多达1600万标准箱以上的巨型集装箱港口，进一步巩固其作为东北亚国际物流枢纽港的地位。其凭借着釜山港的地理优势、优秀的人力资源、连接机场－铁路－海洋的物流基础设施、尖端的设备，例如，有效利用可同时处理两个约12.2米集装箱的串联起重机等尖端装卸设备，实现每小时35箱以上的高效率，提供着生产效益颇高的"一站式"服务。

## （二）釜山港物流园区的商务模式构建提升港口服务，创造高附加值

釜山港物流园区面积达670万平方米，不仅具备简单的货物处理功能，同时还与组装、分类、包装、加工等多种产业相结合，创造产业高附加值。物流园同时作为自由贸易地区，提供低廉的租赁费且向用户提供多种税务优惠，国际型物流企业的吸引力较强。釜山港在港口业务发展也非常注重自我服务品质的提升和打造。365天24小时无休，全力提供世界一流管制、保安、拖船、渡船的港口服务。

## （三）以尖端IT信息技术支撑未来型先进港口系统

釜山港构建了源于IT强国的尖端信息技术为本的先进港口系统，不但提高了货主、船公司、航运公司等物流主体的业务效率，同时凭借迅速、安全的物流作业，极大限度地满足了客户的需要。将使用泛在网络计算机技术等的电子标记贴在集装箱、车辆以及集散港的设备上，通过阅读器与网络对货物的移动与处理情况进行实时管理，尖端港口物流系统进一步增强了釜山港的物流能力。釜山港还致力于不断扩充港湾设施与港湾疏浚能力，加快开发拥有最尖端设施的新港，以求能够容纳未来急速增加的集

装箱吞吐量。

（四）树立海洋旅游文化领域的国际品牌

釜山港拥有美丽如画的海岸与迷人的旅游文化以及高科技含量的未来型建筑，将发展成为 21 世纪海洋旅游领域的国际品牌。新建的北港位于充满乐趣的都市，将拥有国际商务环境以及一流的港口功能，实现巨大的生产效益与就业效应。

## 四、釜山港建设的公共政策支持

为了进一步促进港口的国际中转服务业务发展，在海关运作、集装箱业务成长、税收政策等方面，釜山港出台了一系列强有力的政策支持。

（一）便利的海关监管和宽松的口岸环境

釜山港自由贸易区实施"境内关外"相对宽松的海关监管政策，有利于进一步促进国际物流中转的自由度。在海关监管方面，釜山港为方便国际集装箱物流运作，提高集装箱物流处理效率，将其港口作业区、自由贸易区以及工业经济加工区进行一体化监管；并且在整个区域内，开展物流中转不需要进行备案，手续简便，效率较高，国际集装箱物流效率领先，集装箱货物运转快速便捷，减少中间环节，加快物流速度，从而能够极大地吸引东北亚国家周边港口的集装箱货源。

（二）出台低廉收费政策，吸引业务经营者

釜山港长期采用经济手段，如降低港口费率、减免港口费用等措施吸引货源。实施各种物流成本节省的举措，以及转运货物激励机制。如免收靠泊费和码头使用费；大幅度下调装卸费和集装箱进港费用减免额度；集装箱货物不征税；根据航运企业国际中转发展贡献实施总量贡献奖励和增量贡献奖励两类奖励措施；

以环境船舶指数（environmental ship index，ESI）为基准，对环保表现优异的船舶提供财务奖励等。

（三）推进信息化建设，提供优质配套业务服务

为适应全球供应链模式的港口功能需求，釜山港在物流中转增值服务系统的完善上也下了极大的力气。釜山镇海经济自由区的建设，构建了面向全球供应链采购、加工和增值服务的模式。港区主要开展集装箱物流装卸、搬运、存储等物流生产作业，自由贸易区和加工区从事货物的国际中转、国际配送、国际采购、国际转口贸易和出口加工业务等高附加值的流程和再加工制造，以及提供与国际物流配套的金融、保险、理赔、检测等高端服务，实现了基础物流业务和高端服务业务的协同式发展。

## 五、釜山港建设与发展的经验总结

釜山港的港口建设及产业的发展升级的特点，有许多值得建设中国特色自由贸易港的借鉴之处。

（一）开发特性，强化港口国际功能

这是釜山港在针对自身发展的优势区位条件及良好的产业基础上所做的特色发展。港口设施建设与功能特性开发并重，并持续推出系列优惠政策吸引业务竞争者，奠定了釜山港国际物流中心港湾的地位。我国每一港口的发展有自身的独特性，在借鉴的基础上应充分重视本区域的优势和产业基础，制定适合本港口发展的定位与功能性开发。

（二）改革税收和企业管理体制，鼓励自主投资经营

釜山港的运营与管理经历了从政府直接管辖到企业制的港务局主要运营的过程，市场机制的主导作用更加发挥了积极性与主

动性。我国港口在运营过程中,应实行更加开放的市场准入制度,吸引国内外的投资者前来投资,方便企业注册登记。抓住国家税制改革试点的契机,自由贸易港内对贸易类、市场类等企业实行营业税改征增值税,减轻企业税收负担。税务机关要进一步转变职能,对企业实行预约服务和上门服务,通过规范化管理与便捷高效的服务支持企业发展。

(三)港口信息化建设,用信息技术提升高效快捷的优质服务水平

为了提高港口服务水平,向客户提供高效快捷的优质服务,韩国港口一直致力于港口信息化建设。在20世纪末已采用EDI技术,到如今先进港口系统的使用,釜山港的信息化程度在世界港口上也是尖端之一,信息系统的应用和电子商务的开展,使转口货的中转业务非常便利,大大提升了港口的业务水平和效率。我国港口信息系统的建设整体发展比较落后,在未来发展中,应该加强港口信息化建设,要注意港口信息化建设与港口城市和腹地城市信息系统的融合与对接。

**参考文献:**

[1] 吴斌. 到釜山港去[J]. 信息产业报道, 2007(8): 50-53.
[2] 陈继红, 朴南奎. 上海自贸区国际集装箱物流中转服务策略: 基于韩国釜山港经验[J]. 中国流通经济, 2016, 30(7): 25-32.
[3] 李建萍. 世界自由贸易港的比较与启示[J]. 中国外资, 2013(24): 16-17.

# 第三节　美国纽约自由贸易港的建设经验

## 一、纽约自由贸易港的概况

纽约自由贸易港位于大西洋沿岸的哈得逊河口，地跨纽约和新泽西两州，是北美洲最繁忙的港口之一，亦为世界天然深水港之一。

纽约港是以上纽约湾为中心，由港口等设施组成的综合系统。港口设施分布在纽约港湾沿岸，包括纽约、泽西市的贝昂、新泽西州的纽瓦克和伊丽莎白。

### （一）交通运输

纽约自由贸易港处于全球重要航运交通枢纽及欧美交通中心。作为美国最大的客运港，纽约自由贸易港拥有海、陆、空一体的运输干线。

（1）海运。目前，有 200 多条水运航线，每年平均有 4000 多艘船舶进出。纽约自由贸易港港口有 7 个集装箱码头，包括豪兰呼克海运码头、新泽西港海运码头、纽瓦克港 - 伊丽莎白海运码头和布鲁克林雷德呼克海运码头等，纽约与新泽西成为美国第二大集装箱码头。

（2）陆运。包括公路运输 - 铁路运输交通网。纽约港有 380 千米的地下铁道及稠密的公路网，每日往来纽约港区的载货汽车达万辆以上。纽约港与外埠相通的铁路有 14 条，货物经铁路线运往内陆各地，可大大缩短运达时间。

（3）空运。包括纽约肯尼迪国际机场、纽约拉瓜迪亚机场和新泽西纽瓦克国际机场 3 个航空站，可承担进出国内外的客货航空运输业务。

## （二）功能定位

纽约自由贸易港功能趋向综合化，属于综合型港口。主要表现为：

（1）主要采用围网等方式将片区分隔封闭，担任货物中转、区内自由贸易交换的功能。

（2）在自由贸易区外专门划分若干区域，主要经营包括手表、汽车、制药以及饮料等进出口加工制造业务。

## （三）历史演进

纽约自由贸易港的历史演进见表6-2。

**表6-2 纽约自由贸易港的历史演进**

| 时 间 | 历史点概要 | 历 史 发 展 |
|---|---|---|
| 1614年 | 港口建设 | 纽约港于1614年为荷兰人开始建设，后为英国人所经营 |
| 1800年/1900年 | 成为最大港口 | 美国独立战争胜利后，纽约港进行大规模建设。由于自然条件优越，1800年，它成为美国最大港口；1900年，它成为世界最大的港口之一 |
| 时 间 | 历史点概要 | 历 史 发 展 |
| 1921年/1972年 | 纽约-新泽西港合二为一，港务局成立 | 1921年4月30日，经美国国会批准，纽约和新泽西州政府联合成立纽约港务局，纽约-新泽西港（简称"纽约港"）整合划归单一的两州港务局管理。1972年，纽约港务局正式更名为纽约新泽西港务局 |
| 1979年 | 纽约自由贸易港成立 | 1979年，美国国会批准纽约港自由贸易区成立，其依据是1934年美国国会批准的自由贸易区方案。纽约自由贸易港主要由港务局监管 |
| 2017年 | 纽约自由贸易港面积、排名 | 2017年，纽约自由贸易港是全美国近300个自由贸易港中面积最大的自由贸易港之一，港口对外排名位居北美第三、东海岸第一 |

## 二、纽约自由贸易港的政府监管

纽约自由贸易港隶属于纽约州。州政府成立了两州港务局——纽约新泽西港务局（The Port Authority of New York and New Jersey），用于建设港口的岸线资源和州政府在港口的资产进行管理，其中管理委员会为港务局的最高权力机构。海关是自由贸易港的监管机构之一。美国自由贸易区委员会是美国政府管理对外贸易区事务的最高领导机构。

### （一）监管政府机构与组织架构

#### 1. 纽约新泽西港务局

纽约新泽西港务局属于第三部门交通管理机构，所辖的范围分为纽约和新泽西两个港区，职责主要集中在港口发展和市场开发上，并不直接参与港口的经营，见图6-2。

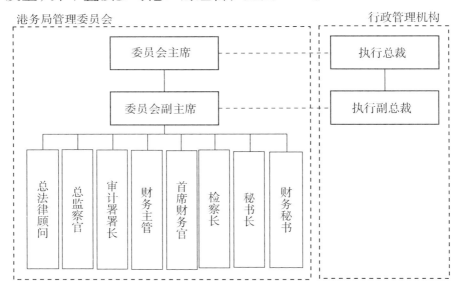

图6-2 纽约新泽西港务局管理委员会组织架构

资料来源：http://corpinfo.panynj.gov/documents/by-laws-of-the-port-authority-of-new-york-and-new/。

特点为:

(1) 自负盈亏的财政模式。没有任何州或地方当局税收的支持,也没有征税的权力,主要通过收取通行费和租金等来维持港务局的日常运营及提供公共服务的资金需求。

(2) 企业化的运作方式。港务局虽作为一个行政部门,但并不是建立在传统的官僚制的基础上,更多的是采用一种企业化的运作方式。

(3) 独立的执法力量。警察执法部门——港务局警察署独立于两州之外,现有1800多名警务人员,以维护辖区范围内的所有基础设施、货物和人员的安全等。

(4) 行政架构是委员会管理和"地主港"经营结合。具体表现为:① 港务局由港务局管理委员会管理。委员会由12名委员组成,纽约和新泽西州长各任命6名,但是在法律上港务局独立于两州而存在。② 采取"地主港"经营模式。港务局将扮演特许经营机构的角色,以租赁方式把港口码头租给有专业技能的私营公司去具体经营,实行产权和经营权分离,并收取一定租金,用于港口建设的滚动发展。

2. 美国海关和边境保护局

美国海关和边境保护局(U. S. Customs and Border Protection,以下简称"美国海关")在纽约自由贸易港中处于中立的执法机构的地位,主要任务是对货物进出自由贸易港进行控制,征收有关税费,并确保自由贸易港的所有手续符合法律法规。美国海关组织架构见图6-3。特点为:

(1) 海关隶属于国土安全部。海关不得代表财政部部长处理属于政策制定性质的事务和属于财政部其他机构权限内的事务。

(2) 海关关长既是海关官员,又是自由贸易区委员会的地方代表,负责召集其他政府机构的地方代表商议自由贸易港的经营、维持与管理事宜。

(3) 海关监管观念是以使用者知法守法为前提,指导思想是提供服务。

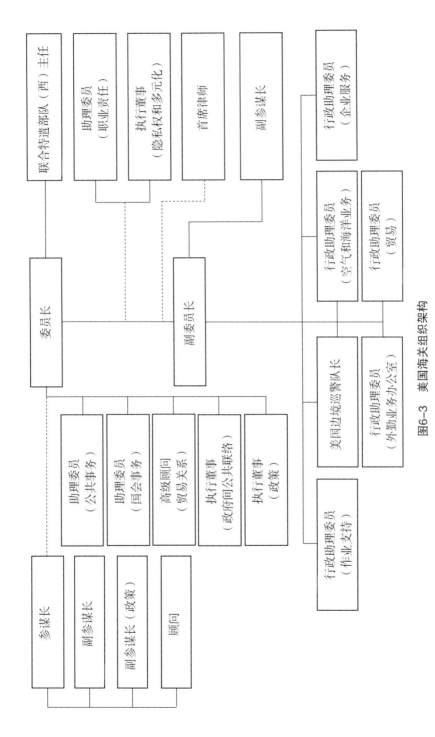

图6-3 美国海关组织架构

资料来源：https://www.cbp.gov/document/publications/cbp-organization-chart。

（4）海关一般不在自由贸易港派驻机构。如派驻机构的，其办公室设在隔离设施外，没有特殊情况，海关人员不进入自由贸易港。

（5）采取货物分类监管模式。即海关对运入对外贸易区的货物设定4类区域货物状态，按货物的不同类别实施程度不同的监管，满足当前商品无国界生产和全球分销运作需要，在提高货物监管严密性的同时降低货物物流管理成本。

3. 美国自由贸易区委员会

美国自由贸易区委员会（National Association Foreign-Trade Zones）受联邦政府直接领导，其主要职责是设立、维护与管理自由贸易港，制定自由贸易港的管理规则，以及有关自由贸易港事项的核实。其特点为：

（1）委员会由商务部和财政部联合成立，隶属于商务部，组成人员包括商务部部长、财政部部长和其他指定人员共10名。商务部部长担任委员会主席和执行官员一职，并有权任命执行秘书。财政部部长为委员会成员。

（2）委员会的每位成员均可指定1名人员代替其行使法定的权利。委员会的决定采取全体成员（或代替人员）一致投票的方式，并以委员会命令的形式对外发布，所有的投票将被记录在案。

（3）委员会每个财政年度向美国国会提交一份执行秘书报告，系统陈述当年自由贸易港的管理和发展情况。

（二）政府监管方式：多个法定机构共同监管、跨州管理、独立行政

在政府监管方面，纽约自由贸易港是由纽约新泽西港务局、海关和自由贸易区委员会等多个政府机构共同监管。

纽约自由贸易港虽地理位置十分接近，但地跨两州。因地方主义和行政管辖权限引发争议后，两州政府共同成立了联合机构——纽约新泽西港务局，对海港进行跨州统一开发和管理，确保整个纽约地区港务业务的流畅运行。

纽约自由贸易港港口的管理和运行不属于联邦政府直接管

辖，而由联邦政府交由州政府管辖。被授权的地方管理机构有权独立行政而不受其他职能部门干预。其中，港务局负责对纽约市周边所有港口和机场的管理事宜，并同时管理着连接两州的桥梁隧道、地铁以及公交。海关负责对进出自由贸易港的货物和人员进行监督。自由贸易区委员会制定自由贸易港的管理规则、审查批准各州自由贸易区的设立、检查调查自由贸易区运作情况及决定注销或撤销自由贸易港。

## 三、纽约自由贸易港的贸易发展

纽约自由贸易港企业包括汽车和果汁进口商和加工商、多用途仓库运营商等。目前，有5家制造商和9家仓库运营商，其中3家制造商主要针对海外市场。近十年，纽约港的海上散货和一般货物呈现下降的趋势，见图6－4。但集装箱及标准箱的贸易数据在波动中平稳上涨，见图6－5。

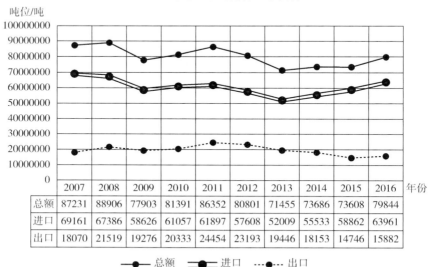

图6－4 2007—2016年纽约新泽西港口海上散货和一般货物吨位

资料来源：http://www.panynj.gov/port/pdf/2005—2016-Historical-Trade-Stats-summary.pdf。

图6-5 2007—2016年纽约新泽西港集装箱/标准箱

资料来源：http://www.panynj.gov/port/pdf/2005—2016-Historical-Trade-Stats-summary.pdf。

## 四、纽约自由贸易港的配套政策支持

纽约自由贸易港的政策法规主要包括税收、投资、金融和海关管理等方面的优惠政策，见表6-3。

表6-3 纽约自由贸易港主要政策法规

| 政策 | 类别 | 法规 |
|---|---|---|
| 税收优惠政策 | 关税类 | 推迟缴纳进口关税。当货物通过海关进入美国流通才需支付关税 |
| | | 倒置关税，原料关税高于成品关税。企业在自由贸易港设厂时，可自由选择支付原料或成品关税 |
| | | 无关税出口。企业在自由贸易港设厂可不支付任何进出口关税 |
| | | 节省为废品支付的关税 |
| | | 国际退货。免收再次入关关税 |
| | | 进口备件。储存的未来有可能用到的进口备件，若最终未使用可以免税退回或销毁 |

续上表

| 政　策 | 类　别 | 法　规 |
|---|---|---|
| 税收优惠政策 | 关税类 | 质量监控。产品可先免税入区，质检合格才需付税，否则免税退回 |
| | | 自由贸易区之间运输的产品免关税 |
| | | 区内加工消耗的商品一般免关税 |
| | | 展览品免关税 |
| | 其他税收、费用类 | 无须为人力和行政开支付税 |
| | | 区内企业可以一次性按季支付港口维护费，不用每次分别支付 |
| | | 大多数州和县税务机关免除区内库存税 |
| | | 投保价值不用包含应缴税额部分，减少保险费用 |
| | | 进入区内不需要原产地标记，节省手续和开销 |
| | 其他类 | 简化进出口程序 |
| | | 区内企业相对于外部企业可以享受 24 小时无限制通关福利，每周享受只用申报一次过关记录、缴纳一次货物处理费的特殊政策 |
| | | 储存在自由贸易区的货物不受美国配额限制，一旦配额放开，优先入关 |
| | | 区内企业不必花费保险和保安费用 |
| | | 区内严格的库存控制减少错误发货概率 |
| | | 在无销售、零售的情况下，商品可以在区内自由买卖 |
| 投资鼓励政策 | 税收信用 | 对某些符合规定的资产投资。对初始投资额 3.5 亿美元的 5% 提供投资税收信用，超过该部分提供 4% 的投资税收信用。拥有研发部分的投资税收信用率为 9%。对享受税收信用的雇主提供就业激励贷款 |
| 金融自由化政策 | 宽松的外汇管理 | 均无任何形式的外汇管制，外汇可自由兑换 |
| 海关管理政策 | 境内关外 | 国内出口商品进入区内视作出口，即可享退税政策 |
| | 货物管理 | 对区内货物及生产采取宽松抽查方式（不定期抽查） |

资料来源：http://www.panynj.gov/port/ftz-benefits.html。

## 五、纽约自由贸易港运营的经验启示

### （一）实施高效的税收优惠政策

纽约自由贸易港施行 21 种优惠政策措施。因地制宜，为入区企业节约了成本。

### （二）"政企合一"的管理模式

纽约自由贸易港实行政府管理和市场管理相结合的双层管理体制。纽约新泽西港务局、自由贸易区委员会和海关等行政机构，充分引入市场机制，作为"地主"将设施租赁给有专业技能的私营公司去具体经营。

### （三）跨州管理战略

目前，纽约自由贸易港由纽约新泽西港务局等行政机构代表纽约州和新泽西州跨州全权管理。港务局中设置最高权力机构——管理委员会，下设委员会主席、副主席、执行总裁、执行副总裁等职务。

其中，委员会主席和执行副总裁由新泽西州州长任命，而委员会副主席和行政总裁则由纽约州州长任命。委员会主席负责推进和促使港务局目标的实现，召集委员会公开会议来审议提交的预算、规划、重大项目建设投资等活动。执行总裁负责执行港务局的政策以及日常管理。两州州长对委员会的任何决议有一票否决权。

### （四）规范的法律体系

为避免管理机构形同虚设，跨区域管理机构的权力行使须处于法律、法规层面的规范之下。目前，美国已建立一个强有力、超然于地方与行业、集两市一省的铁路、公路、机场、港口功能于一体的领导机构。

**参考文献：**

［1］石和庆. 纽约——新泽西港［J］. 交通世界，1996（2）：19－20.

［2］李敏. 美国纽约港自由贸易园区发展实践及其启示［J］. 改革与战略，2015（8）：202－204.

［3］赵健. 纽约港务局的成立及其港口区域的开发（1921—1962）［D］. 上海：华东师范大学，2013.

［4］董岗. 纽约——新泽西港务局运营自由贸易区经验及借鉴［J］. 水运管理，2013，35（9）：39－42.

［5］周阳. 美国对外贸易区制度及对我国保税港区的启示［J］. 水运管理，2009，31（2）：17－20.

［6］吴蓉. 借鉴美国对外贸易区经验推进我国保税区发展［J］. 上海商业，2004（6）：60－64.

［7］龚瑞清. 京津冀交通一体化 纽约新泽西合作可资借鉴［N］. 中国民航报，2017－04－13（7）.

［8］顾泉林. 纽约-新泽西港独特的管理体制和灵活的经营方式［J］. 中国港口，1999（7）：44－45.

# 第四节　英国伦敦自由贸易港的建设经验

## 一、伦敦自由贸易港的概况

伦敦自由贸易港位于英国东南沿海泰晤士河下游的南北两岸，从河口开始向上游伸延经蒂尔伯里港区越过伦敦桥，直至特丁顿码头，长达约128.7千米。

伦敦港区分布在泰晤士河下游码头岸线长150多千米，分3个主要码头区。第一码头区是皇家码头区，是世界上拥有最大水域的码头之一，水位最深处达 12 米，能接纳最大的货船。第二区为印度和米尔沃尔码头区，这个区主要是食品和轻工业码头。第三区是蒂尔伯里码头区，是英国的主要集装箱码头之一，它和英国主要的工业中心之间都有运送集装箱的铁路，这个区也是伦敦港技术改造和扩建的重点区。

（一）交通运输网络

伦敦位处英国东南部，是海轮通航的终点，同时扼大西洋航道的要冲，是连接西欧与北美洲的桥梁。伦敦自由贸易港作为老牌的国际航运中心，在历史演进过程中形成了发达的海陆空运输网络。

1. 海运

目前，伦敦港有 220 条航线通向世界 300 多个港口，每年进出港口的船只 15000 多艘，吞吐量达 5500 万吨。

2. 空运

伦敦的航空港是世界上最大的航空港之一，2017 年希思罗机场年吞吐货物 169.84 万吨。伦敦南部的加特威切机场，是英国客货运最忙的第二大机场，也是世界上第一个将机场、铁路运输和公路运输连为一体的机场。

3. 陆运

伦敦港具有发达的国际、国家、区域等多个层面的交通运输网络，十几条铁路干线从伦敦延伸向英国各地。伦敦同不列颠岛上的各大城市和主要港口、工业中心之间几乎都有直达列车，伦敦通向各地的公路也是综合交叉、四通八达。

（二）历史演进

伦敦自由贸易港于公元前 43 年建港，16 世纪海运昌盛，18 世纪发展成为世界大港之一。到 19 世纪，伦敦已经成为世界航运中心，集中了世界各地的船舶和船公司的代表机构。1921 年 7 月 8 日乔治五世码头投入运营，码头扩大了 10%，使得皇家码头成为当时世界上最大的码头。20世纪60年代的集装箱化给伦敦港的交通管理带来了新的挑战。由于无法适应新的货物装卸方式以及船舶大型化的发展趋势，泰晤士河上游的一些历史悠久的码头诸如小东印度码头、圣凯瑟琳码头和萨里商业码头等纷纷被关闭，伦敦港口业走向衰落。目前，英国大部分海运进口集装箱都要从费力克斯托港和南安普顿港经整箱运输集中到英国中部的分拨中心，再将货物从分拨中心分配到各目的地。虽然伦敦港的航运、港口等"硬实力"有所衰退，但仍以其交易市场、保险服务、航运信息服务、海事服务、海事研究与交流、海事监管等"软实力"优势保持着全球级国际航运中心的地位。

（三）功能定位

20世纪初，由于经济危机、两次世界大战和"二战"后德国、美国经济开始飞跃发展，英国在世界贸易体系中的地位一落千丈。受此影响，伦敦最早出现了由货运中心向服务中心转型的趋势。

而如今的伦敦自由贸易港按照功能形态划分，属于市场交易和提供航运服务为主的类型，定位为综合型自由贸易港，主要特点为：

（1）持续不断的市场需求是伦敦自由贸易港和航运服务贸易生成的主要动力。英国航海传统文化悠久，也是近代工业革命的发源地。工业革命后，大量原材料和工业品都通过伦敦港口运输，这为伦敦成为全球商业和贸易中心奠定了基础，且带来了一系列航运服务需求。

（2）大量著名的国际航运组织集聚也促进了伦敦自由贸易港航运服务的生成和发展。伦敦吸引了大量船务及航运管理等专业组织，提供航运金融服务的银行和保险机构，提供法律、仲裁及航运咨询服务的中介机构等，其周围地区估计有超过4000家公司为提供各种专业航运服务，并且随着伦敦强大的航运服务产业发展，吸引了许多国际航运机构总部和行业协会集聚落户。

（3）伦敦自由贸易港内各服务业的良好互动促进了高端航运服务业的发展。伦敦港不仅吸引了金融、法律等服务企业集聚，更重要的是也在自由贸易区内形成了互动良好的航运服务网络，使伦敦港能提供大量的高端航运服务。

## 二、伦敦自由贸易港的管理体制

### （一）相关法案

英国最初并没有全国性港口统一协调部门，重复建设、争夺资源导致了激烈的港口竞争，迫使政府出面干预。1908年，英国议会通过《伦敦港法案》，将当时经营伦敦各港区的私营公司合并成为一个托拉斯的"伦敦港务局"（Port of London Authority，PLA）。该法案规定，伦敦港务局是一个独立于中央和地方政府的商业性机构，不是英国政府或地方政府所属的机构，但有半官方的性质。

### （二）基本行政架构

伦敦港务局是1908年设立的，它是由很多码头公司和泰晤士河保护委员会合并所形成的一个新的港湾管理主体。伦敦港务局虽然是公共托拉斯港，但港口当局除了负责泰晤士河的航道维护以及安全管理外，构成全港的80多个码头全部是民营并独立核算。港口最大也是主要的集装箱码头蒂尔伯里码头是根据1992年的港口法从伦敦港务局独立出来进行民营化的，现在属经营福斯港的福斯港公司管辖。

### （三）人员构成

伦敦港务局的管理是由入港纳税人、码头主人、河道船只主人的代表和10名指定委员组成，占有和经营船坞，并负责河流的保护。伦敦港务局实行董事会和管理局两级管理体制。伦敦港务局的董事会确定方针政策,日常工作由管理局主持。

（四）主要业务及经费来源

伦敦港务局除经营码头出租业务外,还从事货物装卸业务。码头设施的租金和货物装卸收入直接上缴港务局,用于港口发展,一般不向国家交税。经费主要来自装卸等服务收入和政府贷款。

## 三、伦敦自由贸易港的配套政策支持

英国伦敦自由贸易港的配套政策支持主要体现在以下几个方面,见表6-4。

表6-4 伦敦自由贸易港主要政策支持

| 类别 | | 说明 | 具体内容 |
|---|---|---|---|
| 船舶登记政策 | | 英国于1986年正式运作马恩岛第二船舶登记制度 | 少量的登记费,免征船舶收入所得税、船舶固定资产税、船员收入所得税等 |
| 沿海运输权政策 | | 英国于1960年通过 Highlands and islands shipping services act, 1973年的 Local government (Scotland) act 等法律 | 对运营来往于西部高低与岛屿间等航线的航商予以一定的财政补助 |
| 造船扶持政策 | | 设立船舶调整基金对造船合同进行补贴 | 船舶建造补助金支付比率为船舶建造或改造价格的 2.25%~9% |
| | | 通过国内造船信用保证计划为船厂提供低利率的融资保障 | 一般船舶是契约金的80%,海地探索开发设备则是85% |
| 海运税收优惠政策 | 税收政策 | 国家对港口虽不投资,但给予税收优惠 | 港务局除经营码头出租外,还从事货物装卸业务,其收入直接上交港务局,用于港口建设,不向国家交税 |
| | 补贴政策 | 英国港口出现赤字通过减免债务方式给予港口补贴 | 出现赤字时通过减免债务方式给予港口补贴 |

续上表

| 类别 | 说明 | 具体内容 |
|---|---|---|
| 船员扶持政策 | 培训方面 | 设立"SMarT"计划,通过财政支助以支持船员培训 |
| | 就业方面 | 制订船员失业救济计划,补贴船员海外工作回国所购机票的20% |
| 船员扶持政策 | 医疗保险方面 | 对于国际航线船员的雇主所需担负国家医疗保险费用的给付比率予以0.5%的减免 |
| | 薪资方面 | 对于船员海外工作的收入实施海外收入扣除制度 |
| | 权利保障方面 | 规定船员享有同岸上工作人员同样的权利,不允许船员"同工不同酬" |

## 四、伦敦自由贸易港的运营发展模式

纵观伦敦自由贸易港的发展历程,可以发现自20世纪40年代开始,伦敦采取港区分离的模式以来,就逐步实现了货运中心向服务中心的转型。其做法主要是将港口硬件设施外移至城市中心以东40千米外的海域,转而选择在原地大力拓展航运融资、海事保险、海事仲裁等航运相关产业。如今,随着伦敦港务局20年发展规划的实施,英国伦敦自由贸易港将从"硬设施"和"软服务"两方面双管齐下,实现合力效应,力促港口的蓬勃发展。

(一)恢复"硬实力"——重振海上贸易物流枢纽地位

伦敦自由贸易港拥有英国最大的粮食装卸码头、最大的木材集散中心以及汽车、石油、化工品、糖和建筑材料等进出口集散地,并经常有大型集装箱船通行泰晤士河航道。2017年全年,伦敦自由贸易港的货物吞吐量达5000万吨,较2015年增幅达1.1%。

1. 泰晤士河航道扩建工程

泰晤士河横贯英国首都伦敦等10多个城市,有1.3万平方千米的流域面积,全长约400千米。泰晤士河沿岸发达的经济与文化,为英国的经济发展带来了可观的效益,英国国民生产总值中约有1/4都来自该流域的经济贡献。与此同时,英国的九成货物,海运货量占其九成。消费市场物品以进口为主,七成总量是以海上航线方式来完成,这些使得泰晤士河在英国有着十分重要的地位。

作为英国最繁忙的水路,泰晤士河航道所进行的扩建工程,将为港口发展拓展新的空间。这一建设工程将创造44000个新的工作岗位,每年给英国经济带来40亿英镑的增加值总额,未来5年新港口每年将投资10亿英镑。未来20年连接亚洲市场和英国消费者的伦敦港集装箱吞吐量将显著增长,更多的超大型集装箱船选择挂靠泰晤士河,保持英国与全球贸易伙伴的直接联系。

2. "伦敦门户港"建设

伦敦门户港是逾半个世纪以来伦敦最大型的基建项目,也是英国21世纪的第一个主要深水集装箱港和欧洲最大的物流园区。该门户港位于泰晤士河北岸,由迪拜世界港口公司投资运营,将为英国最大的消费市场提供深水运输。优越的地理位置与出众的运营系统和服务,为船舶装卸提供了最大化的保障,未来将成为世界一流的港口。

伦敦门户港是以港口为中心理念的集中体现,英国一个独有的物流平台,通过提供多式联运的深海港口与近海支线服务,铁路和复式车道与高速公路网的连接,贯穿英国、爱尔兰和欧洲大陆,提供进入伦敦和东南部市场的机会。同样,方便地通往伦敦希思罗、盖特威克和斯坦斯特德3个国际机场。

港口本身具备的高度自动化和智能追踪系统，将为客户提供快速检验、集装箱检索和叠载服务来管控集装箱以满足客户需求。此外，得益于靠近欧洲最大物流园这一地理优势，许多卸载的货物将被立即送往园区，而不用送往英国其他物流园区进行后续工作和配发，节省了路程和费用。伦敦门户港将会成为英国主要的枢纽和进口港，为进入英国、运往爱尔兰和欧洲大陆的货物提供高效、经济和可持续的全球供应链解决方案。

## （二）加强"软实力"——支撑一代国际航运中心

虽然伦敦港在港口、航运等"硬实力"方面有所衰退（集装箱年吞吐量世界排名跌出前100位。2008年起，其货物吞吐量不足上海港的1/10，年货物吞吐量不超过1亿吨），但因其拥有良好的人文历史条件、悠久的贸易及航海历史和文化、优秀的海事人才，在伦敦港发展期间沉淀下来的服务业仍然在伦敦，带来了全球业务资源服务网络等关键市场要素，形成一个相对完善的航运服务集聚区，凭借其规模巨大的航运服务产业，伦敦港的"软实力"得以长久保持，并维持了其国际航运中心的地位，见表6-5。其主营业务包括：

表6-5 集聚伦敦自由贸易区的主要航运服务相关机构

| | | |
|---|---|---|
| 国际性组织 | 海事组织 | 国际海事组织（International Maritime Organization, IMO）、波罗的海航运交易所（Baltic Exchange, BE）、波罗的海和国际海事公会（The Baltic and International Maritime Council, BIMCO, BIMCO）、劳氏船级社、国际船检社（International Association of Classification Societies, IACS） |
| | 行业协会 | 国际海运联合会（International Shipping Federation, ISF）、国际货物装卸协调协会（International Cargo Handing Co-ordination Association, ICHCA）、国际航运公会（International Chamber of Shipping, ICS）等 |

续上表

| 航运金融机构 | 50多家海运专业投资银行、565家银行、143家船舶经纪人、336家船舶或货运代理行 |
|---|---|
| 航运保险机构 | 193家海上保险公司，世界二十大保险、再保险公司 |
| 航运法律机构 | 五大律师事务所等共101家航运法律机构 |

1. 提供高端海运服务业，提供航运增值服务

目前，伦敦港依旧是世界最大的海事服务提供基地。大力发展产业链上游产业，通过提供海事服务影响国际贸易。随着经济的发展，有效降低运输成本、规模效应和外部经济等经济效益逐渐显现。区内企业之间的竞争与协作，触发员工间的竞争压力与知识交流，形成持续的创新动力、知识外溢和技术扩散。港区吸引了数千家上规模的各类航运服务企业，一些已成为航运服务业方面的世界品牌。航运服务涵盖船舶代理、法律、融资、保险、船级认定、保险服务、航运信息服务、海事服务、海事研究与交流、海事监管、国际贸易争端解决等。仅航运服务业每年创造的价值就达20亿英镑。

伦敦港占有全球船舶融资的18%、油轮租赁的50%、散货租赁的40%以及船舶保险23%的市场份额。每年，伦敦航运融资放贷总额达到200亿英镑，约占世界市场份额的20%；航运保险费收入32亿英镑，约占世界市场份额的19%；每年，伦敦航运仲裁总案值达4亿美元，航运经济交易金额340亿美元，约占世界市场份额的50%。

目前，伦敦仍然是世界上最大的国际航运服务供应商，并以其专业知识和专业精神而全球知名，其承担的高端航运服务主要包括以下4个部分：

（1）船舶经纪。伦敦独立的船舶经纪公司雇用了大约5000名工作人员，从小到个体贸易商、大到公开上市公司，为干散货、油轮、集装箱、天然气和离岸部门提供服务；许多国际船公司和贸易商选择在伦敦及其周围建立租船团队，不仅仅因为英国

时区的优势,而且因为伦敦处在国际租船市场的核心位置。

(2) 保险服务。作为世界领先的海运保险中心,伦敦在全球海运保险费市场的份额领先于美国、日本、德国和法国等国,通过伦敦劳合社或国际保险协会的会员公司,伦敦保险人能够处理航运中的各类保险需求,劳合社在伦敦保险市场的份额已经从20世纪90年代末的65%~70%上升到最近几年的85%。

(3) 法律服务。作为世界领先的法律服务中心,五大律师事务所定期开展与航运有关的工作,大约200名律师以倡导者、顾问或仲裁员等角色帮助解决航运争议;更多的航运争议被提交到伦敦而非其他地方进行仲裁,伦敦海事仲裁员协会会员每年共收到2500件左右的仲裁申请并做出450多项最终裁决。

(4) 金融服务。伦敦是为船公司建造船舶和交易二手船而提供资本的领先中心,总部设在伦敦的银行大都是那些为航运业提供资金和银行服务的最大提供商,因为伦敦一直是金融创新的最前沿并致力于该项业务,如伦敦证券交易所为船公司的船队扩张资金来源提供了选择渠道。

2. 发布权威信息,吸引海事机构

伦敦航交所是世界第一个也是历史最悠久的航运市场,也依然是目前世界上最主要的航运市场信息权威发布部门,为船东和船舶管理者提供权威性信息,方便他们判断市场状况和寻找合适的伙伴。全球46个国家的656家公司是伦敦航交所的会员,该所编制的波罗的海干散货指数反映了包括煤炭、铁矿石和谷物等在内的全球大宗商品的需求。此外,港区提供世界级的海上保险机构和享有国际声誉的航运法律服务,港区内聚集着国际海事组织(IMO)总部、国际海运联合会(ISF)、国际货物装卸协调协会(ICHCA)、波罗的海和国际海事公会(BIMCO)等多家国际航运组织。

## 五、伦敦自由贸易港的经验借鉴

### (一) 形成航运产业集群及其协同发展

伦敦通过在航运法律、保险、会计、船舶融资、船舶经纪和运费衍生品等领域长期实践,已成为全球范围领导者和专业服务创新者,实现了从集聚到集群的战略转变。为与日益壮大的对手竞争,英国航运界建立了一个能代表航运、港口和航运服务等行业内有效沟通渠道的航运服务委员会,代表政府对航运服务集群活动进行协调。

### (二) 航运税收制度创新

在经历了连续多年注册船舶数下降的困境后,英国于2000年7月开始采用吨位税制度,以船舶的净吨位取代航运活动的实际利润为基础计算,为企业创造更为确定和稳定的制度环境。

### (三) 海事领域的科研与教育

伦敦不仅拥有包括船舶经纪、航运保险、海商法、船舶检验、航运金融在内的完备和有特色的航运服务教育,还拥有领先业界的航运服务专业研究中心,如卡斯商学院国际航运、贸易和金融中心,格林威治大学海事研究所,南安普敦大学海商法研究所等,为航运服务业的发展提供了有力的理论支持。

**参考文献:**

[1] 龚道前. 伦敦国际航运中心的演进及实证研究 [J]. 对外经贸, 2012 (10): 37-39.

[2] 柴晔. 解密伦敦自由贸易港 [J]. 国际市场, 2013 (6): 33-35.

[3] 英国伦敦港前景光明 [J]. 中国远洋航务, 2016 (5): 74-75.
[4] 走进伦敦门户港 [J]. 中国远洋航务, 2012 (8): 74-76.

# 第七章 "港－产－城"联动模式的自由贸易港建设经验

## 第一节 新加坡裕廊自由贸易港的建设经验

裕廊港（Jurong Port）是新加坡最为重要的自由贸易港区之一。1965年启用，1971年扩建。该港口位于新加坡岛西部、裕廊工业区南岸，是亚洲最大的散装货运港。裕廊港每年有超过7000艘的载重达150000吨位的船舶进出，并拥有23个码头可供吃水线接近16米的船舶停泊。裕廊港也是新加坡唯一的干货集散港，配备了服务主要用户的集装箱终端。它配备有13个先进的海岸起重机和2个移动海港起重机，可以同时操作18排集装箱。裕廊物流中心是新加坡最大的多层驱车直达式仓库，从战略角度考虑也设立于裕廊港。创新的物流设施设计可以将约13.7米的集装箱运到任何楼层，无论在任何天气情况下都可以运作。

### 一、裕廊自由贸易港的基本概况

（一）设立背景与发展历程

1963年，裕廊港成立于新加坡经济发展局（Singapore Economic Development Board，EDB），以支持新加坡第一个也是最大的工业区裕廊工业村的发展。1965年，港口正式开始运营。1968年，裕廊镇公司（Jurong Town Corportion，JTC）成立，旨在推动新加坡工业房地产开发，裕廊港成为 JTC 旗下的一个业务部门。2001 年 1 月 1 日，裕廊港已实行公司化，并成为裕廊集团（JTC Corporation）的全资附属公司。随后，裕廊港启动了 PDL 集装箱码头，成为一个功能齐全的多用途港口。2008 年，裕廊港启动了丹章彭鲁（Tanjong Penjuru）码头，处理驳船和船舶业务。

（二）发展现状

裕廊港是一家国际多用途港口运营商，经营一般货运站、散货码头、集装箱码头、丹章彭鲁码头和滨海南码头，提供打火机服务、小型船舶码头和机械坡道，用于滚装登陆作业。其港口设施见表 7-1。

表 7-1 裕廊港港口设施情况

| 总土地面积 | 1.55 平方千米 | 自由贸易区下的土地面积 | 1.27 平方千米 |
|---|---|---|---|
| 总泊位长度 | 5.6 千米 | 泊位总数 | 30+2 滚装滚降机械坡道 |
| 最大允许吃水量 | 15.7 米 | 最大容器尺寸 | 150000（DWT） |
| FTZ 仓库 | 178000 平方米 | 非 FTZ 仓库 | 15000 平方米 |
| 综合货运站 | 通用货运码头处理各种货物，包括钢铁产品、项目货物、机械和机械设备。作为伦敦金属交易所认证的转运和储存枢纽，裕廊港的通用货运码头也处理金属锭 | | |
| 散货码头 | 散货码头处理散装水泥、炉渣、铜渣和液体散装等散装货物。裕廊港有专门的通用设施来处理散装水泥。该水泥码头是世界上最大的普通用户水泥设施之一，由两个专用泊位组成，该泊位配备 3 台水泥螺旋卸料机，与全封闭的空气滑动式无污染输送系统相连。裕廊港处理 90% 以上的新加坡水泥吞吐量 | | |
| 集装箱码头 | 运营始于 2001 年 7 月，码头年处理能力为 50 万标准箱。该终端拥有全球直接连接到 45 个国家的 80 多个端口 | | |
| 太阳能 | 裕廊港正在其仓库屋顶建设一座 10 兆瓦峰值的太阳能发电装置。该系统于 2016 年第二季度上线 | | |

## 二、裕廊自由贸易港的运营模式

### (一) 民营化管理

裕廊港采用民营化管理模式。这种模式亦是全球成熟的自由贸易港最普遍的管理模式。政府、国企、私企对港口共同管理,有效地克服了原先国家和政府直接管理港口的各种弊端,提高了港口的运行管理效率。1997年开始,新加坡港进行了改革,把港口的管理和经营权分离,实行港口股份制。原港务局一分为二,成立了新加坡海事和港务管理局(Maritime and Port Authority of Singapore,MPA)和新加坡港务集团(PSA),并对 PSA 进行股份制和私有化改革。MPA 负责处理港口和海运相关的管制与技术问题,PSA 承担港口投资和经营职能。新加坡的 5 个以海运货物为主的自由贸易港由新加坡港务集团有限公司管理,1 个由裕廊海港私人有限公司管理。改革之后,服务意识增强了,服务质量提高了,投资力度加强了,运行效率提高了,运营成本降低了,推动了包括裕廊港在内等港口的发展。

### (二) "港-产-城"联动发展模式

新加坡是全域自由贸易港,以裕廊港为代表,分析"港-产-城"的联动模式。这种"港-产-城"联动模式的优势与传统模式有所差别。其突出的竞争优势有两点:一是高效海港,二是营商环境、地方的产业配套能力、劳动力素质、环境品质等新的成本优势。以裕廊港为代表的新加坡"港-产-城"联动模式从传统走向现代,信息通信科技(information communications technology,ICT)是其核心的推动者和重组者。该模式不但使新加坡从功能单一的传统大港发展成为全球集装箱枢纽和跨国供应链管理中心,同时使城市从全球等级金字塔的末端跃迁成为全球重要的网络结点城市。政府在"港-产-城"联动模式的转型中,扮演着组织者和掌舵者的角色,见图7-1、图3-3。

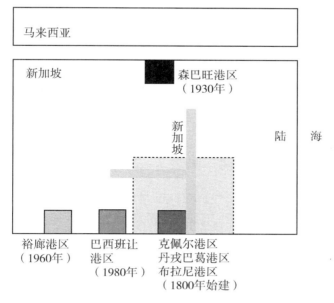

图7-1 新加坡"港-产-城"空间布局演化

第一,为降低海运的时间成本和风险成本、应对邻国的低成本挑战,新加坡港务集团主动把信息技术嵌入集装箱技术,其软件研发的年投入过亿美元,既大大提升了港口的服务和配置能力,也为城市服务行业广泛深入地介入航运领域搭建了平台。比如,新加坡港务集团、海上保险、法律服务、海事金融优惠、供应链的解决方案等高级增值服务,都有赖于本土的IT、设计、资讯等行业的扶持。新加坡港口产业(航运、物流)与城市产业的密切的互动式发展,不同于工业经济时代的单一的"港-产-城"职能关系,而是基于信息通信技术(ICT)这一基础平台的深度化、网络式的发展。

第二,为扶持港口的高附加值服务,政府一方面致力于产业升级。根据"微笑曲线"的价值链规律和"温特尔主义"的新竞争规则,积极介入知识含量高的供应链前端(研发)和末端(服务),逐步成长为技术领先者和服务提供者;另一方面还将港务局主导研发的港口网络服务体系扩展到城市，有力地推动了本土企业服务空间的扩张，进一步巩固了新加坡的全球航运枢纽的地位。

第三，规划未来通过优化创新氛围和宜居环境，吸纳全球创新人才，发展成为全球研发中心，进一步拓展新加坡的竞争优势。因此，科技、创新、人才和环境仍是新加坡优化提升"港－产－城"联动效度的关键所在。

与国际港口对比，裕廊港在对标"港－产－城"模式中，也体现出特有的创新优势，见表7－2。

表7－2　3个阶段国际大港与裕廊港的对比

| 发展阶段 | | 工业经济（工业化阶段，1950—1980年） | 服务经济（工业化后期，1980—1990年） | 知识经济（后工业化阶段，2000年—） |
|---|---|---|---|---|
| 国际大港 | 技术变革 | 集装箱、大型散货运输船 | 大型化、深水化、商业化、信息化 | 应用高新技术，出现虚拟企业 |
| | 港城特征 | 海运产业及服务向港区集聚，城区扩大但港城关系尚不显著 | 港口成为跨国运输、物流和贸易平台，及时性、零库存、一体化服务、增值服务等新需求涌现，港城规模扩大、功能复杂、关联密切 | 港口成为全球供应链和资源配置的重要节点，满足弹性化、个性化、生态港等需求，港城是区域经济、技术及利益共同体 |

续上表

| 发展阶段 | | 工业经济（工业化阶段，1950—1980年） | 服务经济（工业化后期，1980—1990年） | 知识经济（后工业化阶段，2000年—） |
|---|---|---|---|---|
| 裕廊港 | 竞争要素 | 资本、技术 | 技术、信息、服务 | 科技、人才、环境 |
| | 发展背景 | 战后全球制造业转移 | 全球化、信息化、网络化 | — |
| | 产业策略 | 1960年"进口替代"劳动密集型产业；1970年"出口导向"劳动密集型产业：大建工业区，发展石化；1980年"出口导向"资本与技术密集型产业：石油危机和劳动力成本上升，推动机械化、自动化和信息化，跨国资本集中在电子、机械等领域 | 1980—1990年"出口导向"智力密集型产业：产业结构升级，制造业以电子和生物工程为重点，资讯业增长最快，兴建"新加坡综合网"实施"IT2000"计划，政府扶持金融、保险、会计、律师、审计等高级服务业和以生物生命科学为代表的高科技产业 | 亚洲金融危机和"9·11"事件引发经济衰退，推出"高科技战略""中国战略"和"扩大腹地战略"，产业未来定位：生物制药、电子及精密工程、物流、工程及环境服务、资讯及媒体等 |
| | 港口策略 | 自由贸易和临港加工的产业推动政策 | 石油危机和原有廉价劳动力优势丧失，向高级服务业等高层次发展转型，港口走向后工业化，继续吸引跨国投资 | |
| | 政策绩效 | 工业化、首个服务第三代集装箱船的东南港口、全球物流中心 | 管理货流、资金流、信息流和技术流的集散，管理生产要素的全球配置 | |

## 四、裕廊自由贸易港的政府管理机构和行政架构

裕廊港施行的是市场化的管理和开发模式，政府并不作为园区开发主体，不直接参与具体管理；同时，行政管理与开发管理

分开，开发管理机构采取市场化运作方式，自主投资、自担风险，新加坡海事和新加坡海事和港务管理局（MPA）负责处理港口和海运相关的管制与技术问题。

（一）MPA 的职能

1. 作为海港管理部门

主要负责监管港口进出船舶交通动态、实时监护航海安全方面观测与保障、海事服务及港口设施服务、海洋环境保护等。这部分的职责有些是与 PSA 重叠的。

2. 作为港口规划机构

主要是严格规划并限制船舶数量，此举使得港口资源可合理配置，并充分得以高效利用；对常用通航航道以及港区公共码头地区进行规划等。MPA 对新加坡港每个港口船舶可停靠数量及吨位限制都有非常细致的规定，尤其是对 10 万吨以上的巨型货轮。

3. 作为港口管理机构

主要是管制港口服务、港务业的经济贸易活动，通过制定政策、吸引、发展商船队，发展海事及港口事业。

4. 作为海事管制机构

主要负责国际标准、船员雇用、船员培训和船员福利等管理。

5. 作为全国的海域运输代表

主要是确保水域交通安全及水路免受污染，参与国际海事组织、航道组织、港口协会。

6. 作为"国际海事中心"

主要是研究发展航运中心，原设在贸易局，现归海事和港务局（MPA）。其任务是吸引更多的大船公司，为其提供各种便利，包括提供企业注册、人员安置、办公地点选择等服务，提供海事服务、海事仲裁、海事法律服务。

## (二) MPA 的部门设置

MPA 共下设 8 个部门，归口相关业务和事务管理。

(1) 策略部。下设港口发展处、港口管理处、国际处。

(2) 港口部。下设海事服务处、港口服务处、港口控制处。

(3) 海运部。下设船舶安全处、船舶调查处、登记和海事管理处。

(4) 技术部。下设系统发展处、工程和研究处、计算机供给处。

(5) 培训部。下设培训发展处、培训标准处。

(6) 国际海事中心。下设机构不详。

(7) 企业服务部。下设组织发展处、人力资源处、法律事务处。

(8) 资源管理部。下设行政管理处、财政事务处、设施管理处、新加坡海员俱乐部。

## (三) MPA 的管制

1. 种类和数量

MPA 的管制主要有 3 种：一是港口服务及设施的许可，主要是面向经营集装箱、常规货物及客运码头的服务提供商，目前共有 3 家，即 PSA、裕廊码头和客轮服务中心；二是引航服务许可，目前只有 1 家，由 PSA 承担；三是拖轮服务许可，目前已全部开放，共有 5 家经营公司。

2. 管制目的

一是确保提供足以满足新加坡海港所需求的港口服务；二是确保公共许可证收费不会过高；三是确保公共许可证持有人提高合理的服务；四是确保市场公平竞争；五是通过经济管制来管理服务提供商的进入。

3. 有关规定

一是收取许可证费用，即主要根据经营者的经济实力确定，用于 MPA 抵销成本、发放工资；二是许可不得转让，即未经 MPA 同意，许可证持有人不得转让其权利和义务；三是许可不具排他性，即允许 MPA 签发新许可证的同时不必撤销现有许可证（即作为经营者可以增加新的许可事项）。

## 五、裕廊自由贸易港的优质营商环境

新加坡自由贸易港政策，主要的方向是放松各类监管、提供各种优惠政策、促进各种要素自由流动，从而推动经济发展。

### （一）优质的营商环境

新加坡拥有稳定的政治环境、优越的地理位置、完善的基础设施和全英文的语言环境等优势，综合营商环境十分优越。在世界银行发布的《2014 年全球营商环境报告》中，新加坡的营商环境在全球 189 个经济体中连续第 8 年排名榜首。

### （二）投资贸易便利化

新加坡外资准入开放，对企业的经营范围没有限制，鼓励企业对外投资。除国防相关行业和个别特殊行业外，新加坡对外资进入没有行业限制，商业、外贸、租赁、营销、电信等市场完全开放，但外资进入金融、保险、证券等特殊领域需向主管部门备案。新加坡还制定了一系列政策支持和鼓励本地企业到国外投资，如海外企业奖励计划、国际化路线图计划、海外投资双重扣税计划等。新加坡政府还制订了特许国际贸易计划和商业总部奖励、营业总部奖励、跨国营业总部奖励等多项措施，鼓励外国企业到新加坡设立总部或地区总部。新加坡对企业的经营范围没有限制。

### （三）金融开放

新加坡金融市场经历了由内外分离到内外一体的转变过程，

开放程度较高，能为企业提供全方位的金融服务。融资汇兑自由，作为全球第四大金融中心，新加坡全面取消外汇管制。企业利润汇出新加坡无限制条件，也无须缴纳特定税费。

资金进出逐步放宽。1997 年，东南亚金融危机后，新加坡逐步从一个强调管制、注重风险防范的市场，演变成以信息披露为主、鼓励金融创新的金融中心，新加坡的离岸金融市场也从分离型市场逐步转变为一体型市场，放开了对资金进出的管制，资金可自由流出流入。

金融服务日益发达。新加坡金融市场能为企业提供全面的融资服务。各国企业只要符合一定条件，都可以在新加坡交易所发行股票或债券。新加坡的融资租赁、项目融资市场也非常成熟，能为企业提供全方位的融资服务。

（四）监管科学化

新加坡通过"一站式"网络通关系统连接海关、检验检疫、税务、军控、安全、经济发展局、企业发展局、农粮局等 35 个政府部门，与进口、出口（包括转口）贸易有关的申请、申报、审核、许可、管制等全部监管流程均通过该系统进行。

（1）报关便利。按照规定，进出口货物所有人或其代理人只需填写和交验有关单证即可。按规定必须得到有关部门批准方可进出口的货物，如药品、化妆品和危险物品等在报关时需要出具批准通知或许可证。

（2）通关效率高。新加坡拥有全球最高效的海关系统贸易网络，进出口商通过电脑终端 10 秒钟即可完成全部申报手续，10 分钟即可获得审批结果。贸易网络系统连接了与进出口有关的各个部门，使进出口审批、检验检疫、通关查验等环节可以在一个统一的平台上准确、高效地完成。

（3）不设配额限制。新加坡对进出口货物不实施配额限制，也没有类似的数量限制措施，除危险品、武器、药品和化妆品等特殊货物和针对特定地区的进出口需要申请许可证外，一般货物可以自由进出口。

（4）检验检疫便利。新加坡进口食品、药品和动植物需要提前向检验检疫部门申请许可证，进口上述货物需要经过检验检疫部门的许可。许可证申领和检验检疫部门的查验工作都通过海关贸易网络系统，具有较高的效率。

（五）具有国际竞争力的税收制度

新加坡对内外资企业实行统一的企业所得税政策。自2010年起，新加坡公司税税率为17%，且所有企业可享受前30万美元应税所得部分免税待遇：一般企业前1万美元所得免征75%，后29万美元所得免征50%；符合条件的企业前10万美元所得全部免税，后20万美元所得免征50%。在关税方面，政策相对宽松。除酒类、烟草（含卷烟）、石油、机动车以外，新加坡对所有进口商品免征关税。国际运输服务和与进出口相关的运输服务，以及与进出口有关的货物装卸、搬运、保险等服务都适用零税率。

（六）给自由贸易区立法

早在1960年，新加坡就颁布了自由贸易区法案，先有法后有自由贸易区。新加坡继承了相对完整的英国法体系，并以此为基础制定了一系列新的法律，形成了以宪法、国会法令与附属法规、司法判例、法律惯例为主要内容的完整法律体系。新加坡政府不对企业进行常规的工商、卫生、环境保护等方面的行政管理，而由执法机构依据法律制度，对企业进行执法监督，并依法对违规者追究责任。

（七）自然人移动自由

新加坡工作签证种类较多，无论是从事高端研发、管理工作的金领阶层，还是蓝领工人，都可以根据自身学历、技能水平获取不同的签证。新加坡对外籍工人实行配额制度，不同行业有不同的配额,如制造业和服务业的配额分别为60%和45%。雇用外国劳动力的雇主还必须向政府缴纳劳工税,劳工税根据不同行业、不同技能水平和雇主雇用外国劳动力比例而有所不同。

## 六、小结

从以政府主导的管理模式转变为企业化管理模式,辅之以政企协调由企业直接管理。以裕廊自由贸易区为例,它主要由裕廊海港私人有限公司——与新加坡国际港务集团类似的公司——经营和管理,定期向政府有关部门汇报工作,但不受政府的管制,使自由贸易区的运营得到了效率最大化。但在企业直接管理的模式中,政府的参与有效填充了自由贸易区政策制定和执行之间的空白。这种政府与市场"恰当的位置"模式值得我国自由贸易港和自由贸易试验区学习借鉴。

**参考文献:**

[1] 刘冉,董玛力,宋涛. 新加坡"港-城"关系转型的经验借鉴[J]. 世界地理研究,2008,17(4):71-78.

[2] 于凤玲. 新加坡新兴产业的发展对我国沿海产业发展战略的启示:以广东台山为例[J]. 广西财经学院学报,2015,28(6):19-23.

[3] 王晓军. 新加坡港与上海港政府管理之比较[J]. 水运管理,2004(11):21-27.

## 第二节 中国香港自由贸易港的建设经验

香港的地理位置优越,背靠祖国广袤腹地。香港土地面积约1106.34平方千米,由香港岛、九龙半岛以及新界地区三部分组成,而位于香港岛和九龙半岛之间的维多利亚港,是举世闻名的深水海港。香港地处亚太地区海空交通要道,是远东贸易运输的枢纽。1841年6月7日，英国政府代表查理·义律（Charles Elliot）宣布香港成为自由贸易港。在1841年至今的177年里，香港逐步从单一的转口贸易港发展为国际贸易中心、国际金融中心乃至世界最开放的全域自由贸易港之一。

## 一、香港自由贸易港的基本情况

### （一）交通或区位优势

香港拥有世界级的国际机场、以高效率见称的货柜码头和多条陆路过境通道，通达内地及世界各地。只需4小时机程即可到达亚洲各主要商业城市，而5小时机程范围已覆盖全球逾半数人口。完善周全的交通联运网络，让物流业界运载货物到世界各处时倍感灵活，而事实上越来越多公司选择在香港设立地区分销中心，以便利用香港完善的海、陆、空联运模式。

1. 海运

香港是世界三大天然良港之一，港内港阔水深，风平浪静，不淤不冻，通道众多。香港港口位于远东贸易航线要冲，且位处正在迅速发展的亚太区中心，是区内重要的枢纽港之一。由于香港港口位处中国南大门，每日均有大量货物经香港中转至世界各地。香港港口由葵青货柜码头及其他多个货物处理设施组成。葵涌－青衣货柜码头设有9个码头，由5个经验丰富的私人营运商经营[①]；其他货物处理设施包括内河货运码头、碇泊处及其他私营泊位。港口主要设施包括货柜码头、内河货运码头、中流作业区及公众货物装卸区。支援设施包括船坞、避风塘等。

---

① 香港的货柜码头坐落于葵涌－青衣港池，一共有9个码头，由5间营运商管理和营运。这5间营运商是现代货箱码头有限公司、香港国际货柜码头有限公司、中远－国际货柜码头（香港）有限公司、Goodman DP World Hong Kong Ltd和亚洲货柜码头有限公司。9个码头占地2.79平方千米，提供24个泊位共7694米深水堤岸。葵青货柜港池水深达15米；一项把港池及其进港航道挖深至17米的工程已于2016年4月大致完成。货柜码头总处理能力每年超过2000万标准货柜。

超过 150 年的海运发展历史，使香港成为环球最具规模的海运中心之一。香港船东管理或拥有的船舶占全球商船总载重吨位的 9.6%，800 多间与海运相关的公司在香港蓬勃发展，提供各种海事服务。2017 年，香港港口处理了 2080 万标准货柜。葵涌－青衣货柜码头的吞吐量达 1620 万标准货柜，占港口货柜吞吐量的 78%，余下 22% 的货柜则在中流作业区、内河货运码头、公众货物装卸区、浮泡和碇泊处及其他私人货仓码头处理。现时香港港口每星期提供约 320 班货柜班轮服务，连接香港港口至全球约 470 个目的地，平均每日可处理达 67000 个标准货柜，是全球最繁忙的港口之一，见表 7-3、表 7-4、表 7-5。

表 7-3　香港港口货柜吞吐量　　　　　　　　单位：百万个

| 分　类 | 2014 年 | 2015 年 | 2016 年 | 2016 年较 2015 年增减 |
|---|---|---|---|---|
| 总计 | 22.2 | 20.1 | 19.8 | -1.3% |
| 葵涌－青衣货柜码头 | 17.6 | 15.6 | 15.2 | -2.4% |
| 远洋轮船 | 14.5 | 12.8 | 12.2 | -4.2% |
| 内河货船 | 3.1 | 2.8 | 3.0 | 5.9% |
| 中流作业及其他码头 | 4.6 | 4.5 | 4.6 | 2.4% |
| 远洋轮船 | 1.1 | 1.1 | 1.3 | 21.1% |
| 内河货船 | 3.5 | 3.4 | 3.3 | -3.6% |

资料来源：香港港口发展局《香港港口运输统计摘要》。

表 7-4　香港港口货物吞吐量　　　　　　　　单位：百万吨

| 分　类 | 2015 年 | 比重/% | 2016 年 | 比重/% |
|---|---|---|---|---|
| 总计 | 256.6 | 100% | 256.7 | 100% |
| 海运货物 | 168.6 | 65.7% | 164.1 | 63.9% |
| 出口及进口 | 73.7 | 43.7% | 70.7 | 43.1% |
| 转运 | 94.9 | 56.3% | 93.4 | 56.9% |
| 河运货物 | 88.0 | 34.3% | 92.6 | 36.1% |
| 出口及进口 | 49.9 | 56.7% | 54.6 | 59.0% |
| 转运 | 38.1 | 43.3% | 38.1 | 41.1% |

资料来源：香港特别行政区政府统计处（香港船务统计）。

表7-5 香港海上运输服务输出情况　　　　单位：亿港元

| 分　类 | 2013年 | 2014年 | 2015年 | 2015年较2014年增减 |
|---|---|---|---|---|
| 海上运输服务输出 | 1353 | 1314 | 1153 | -12.3% |
| 客运 | 19 | 20 | 19 | -7.5% |
| 货运 | 791 | 810 | 675 | -16.7% |
| 其他* | 543 | 484 | 459 | -5.0% |
| 占服务输出的比重/% | 16.6 | 15.8 | 14.3 | — |

\*包括提供操作人员的船只包租服务及海上运输的支援及辅助服务，例如，货柜码头服务，船只经纪、测量、顾问服务，船上用品供应商，货物起卸服务，验货、抽样检验及称量服务，码头及水道营运服务，拖曳服务，领航及停泊服务，沉船打捞服务，以及其他海上运输的支援及辅助服务。

资料来源：香港特别行政区政府统计处《2015年香港服务贸易统计报告》。

2. 空运

香港的位置优越，位处亚洲中心要冲及位于珠江三角洲的入口，是中国的南大门，只需4小时机程即可到达亚洲各主要商业城市，而5小时机程范围已覆盖全球逾半数人口。香港港口提供航班频密且覆盖广泛的货柜班轮服务，每星期约有320班次，连接全球约470个目的地。国家的"一带一路"倡议涵盖全球70多个国家，香港港口与当中约48个国家有货运往来。超过100家航空公司在香港国际机场营运，每天提供超过1100班航班，定期直航服务前往全球约220个目的地，其中包括内地约50个目的地。

香港国际机场位于中国香港特别行政区的新界大屿山赤鱲角，机场设有182个停机位、两条跑道，跑道长度3800米，24小时全天候运作。香港国际机场曾在12年内被英国航空评级机构Skytrax八度评为"全球最佳机场"。该机场自1996年起为全球最繁忙的国际货运机场。2017年，机场的货运量为494万吨，占香港外贸总值的42%，达到34400亿港元；连同年内处理112000吨的航空邮件量，机场的货运及航空邮件总量首次突破500万吨，现时机场提供43个货运停机位，见表7-6、表7-7。

表 7-6　香港国际机场航空运载量

| 载 运 量 | 2014 年 | 2015 年 | 2016 年 |
|---|---|---|---|
| 航空货运量/吨 | 4380000 | 4380000 | 4520000 |
| 按年增减/% | +6.0 | +0.1 | +3.2 |
| 航空客运量/万人次 | 6340 | 6850 | 7050 |
| 按年增减/% | +5.8 | +8.1 | +2.9 |

资料来源：香港国际机场。

表 7-7　香港本港货运量（进出口）　　　单位：百万吨

| 年　份 | 海　运 | 河　运 | 道路货运 | 空　运 | 合　计 |
|---|---|---|---|---|---|
| 2012 年 | 188.9 | 80.4 | 26.2 | 4.0 | 299.5 |
| 2013 年 | 184.2 | 91.8 | 25.6 | 4.1 | 305.7 |
| 2014 年 | 197.3 | 100.4 | 24.2 | 4.4 | 326.3 |
| 2015 年 | 168.6 | 88.0 | 22.8 | 4.4 | 283.8 |
| 2016 年 | 164.1 | 92.6 | 21.9 | 4.5 | 283.1 |

资料来源：香港港口发展局《香港港口运输统计摘要》。

3. 陆运

香港主要有 6 个陆路过境通道。其中 4 个（深圳湾、落马洲、文锦渡及沙头角）为道路过境通道，另外两个（罗湖及落马洲支线）为铁路过境通道。过境旅客也可于红磡管制站乘搭港铁城际直通车过境。

港珠澳大桥是连接香港、珠海、澳门的超大型跨海通道，全长 55 千米，属国家高速公路网中 G4-京港澳高速以及 G94-珠三角环线高速的部分路段。待港珠澳大桥正式通车后，将实现珠海、香港、澳门形成"半小时经济圈"的设想。

4. 铁运

香港设香港红磡站和香港西九龙总站两个铁路运输站点，分别与京九铁路、广深港高铁联通。

## (二) 历史演进

从 1841 年设立自由贸易港至今,香港自由贸易港演化进程可以划分为转口贸易型自由贸易港、加工贸易型自由贸易港、综合型自由贸易港和跨区域综合型自由贸易港 4 个发展阶段。如果以时间为横坐标,以香港自由贸易港发展演化为纵坐标,香港自由贸易港的演化历程则近似表达为一条不断上升的曲线,见图 7-2,并表现出如下特征:

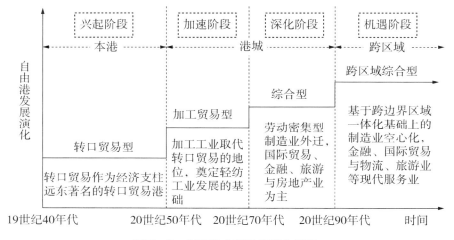

图 7-2 香港自由贸易港演化进程

### 1. 第一阶段——转口贸易型自由贸易港阶段

1841—1946 年转口贸易是香港经济的重要支柱,这与香港的自然条件、经济基础以及特定历史条件有密切联系。其主要产业由渔农业逐步转为以转口贸易为主,廉价劳力是支撑转口贸易发展的重要支柱,而后虽然香港的转口贸易商品种类不断发生变化,但是这种以单一的转口贸易为主的经济结构一直延续到 20 世纪 50 年代。

"二战"后,香港经济恢复发展主要依靠与内地的转口贸易。贸易途径以中国内地、英国、印度三角贸易关系为主,即内地向香港出口粮食和建筑材料,并经香港向英国及印度转口茶叶、丝、大米、豆类等内地的土产；印度经香港向内地出口棉花、鸦片；英国经香港向内地出口工业品。围绕着转口贸易的其他相关部门，如航运、船务、港口、码头、货仓、保险、银行、邮电通信等行业也应运而兴。

2. 第二阶段——加工贸易型自由贸易港阶段

从 20 世纪 50 年代起，香港开始工业化进程。由于香港缺乏支撑工业体系的自然资源和重工业基础，在此过程中，香港充分运用内地的资金和人力，积极开拓欧美市场，形成以纺织、成衣业为支柱的劳动密集型产业，制造业进驻工厂大厦，影视、娱乐、教育、物流等各种服务业与之配合，形成了包括柴湾、沙田、大埔、新蒲岗、荃湾、观塘等众多工业区，发展至今已各具特色。与此同时，码头的货柜化加速了制造业的发展。到 1970 年，香港的工业出口占总出口的 81%，标志着香港已从单纯的转口港转变为工业化城市，实现了香港经济的第一次转型。

3. 第三阶段——综合型自由贸易港阶段

到 20 世纪 70 年代初，香港推行经济多元化方针，金融、房地产、贸易、旅游业迅速发展，特别是从 80 年代始，改革开放使内地市场成为推动香港经济发展的最主要的外部因素，香港的制造业大部分转移到内地，各类服务业得到全面高速发展，实现了从制造业转向服务业的第二次经济转型。

4. 第四阶段——跨区域综合型自由贸易港阶段

从 1990 年开始，全世界范围内的信息交流、技术转让、建设和完善基础设施等方面都是在跨边境经济合作区和跨边境增长三角这两个区域的基础上进行的。在香港、珠江三角洲区域分工的进一步深入的基础上，香港很快成为内地最重要的转口港以及内地各种企业的离岸集资中心。在此过程中，香港在中央政策的支持下，建立起第一个境外人民币结算中心，成为人民币跨境结算中心及其离岸债券市场的中心，巩固并提升香港的国际贸易、国际金融中心的地位。香港的服务业深入发展，生产性服务业占 GDP 的比重越来越高，但由于服务业发展趋于成熟，其吸纳劳动力的能力处于饱和状态，使服务业的进一步发展受到限制。于是，香港特别行政区政府提出 6 个新的"支柱产业"和 1 个科技园①，并配合大埔、将军澳及元朗工业区，进一步推进了技术密集型企业服务化的发展，并把该措施作为经济增长的长期领域。

## 二、政府管理机构和行政架构

香港特别行政区政府由三层构架组成，分别是司长、决策局和各行政部门。对于管理港口运输方面，主管司长是政务司长，决策局是运输及房屋局，主管的行政部门是民航处、海事处，政府下设的有关机构香港海运港口局。香港是全世界自由化、市场化程度最高的自由贸易港，所以政府所管制的范围很小，主要是通过一些行政法规辅助市场的有效运行。

### （一）运输及房屋局

运输及房屋局负责制定香港的运输和房屋政策。该局负责制定香港对外对内的交通政策事宜，包括航空服务、陆路及水上交通和物流发展。这些政策旨在加强香港作为亚洲首选运输及物流枢纽和国际海运中心的地位。该局规划、建设和提升本港的运输基础设施，并继续以铁路为公共运输系统的骨干；积极管理道路的使用，使道路交通更为畅顺，道路安全得以提升；在交通运输的范畴继续支持改善环境的措施。运输及房屋局致力于兴建新的跨境运输基础设施和进行现有设施提升工程，以改善香港与内地的交通联系。运输及房屋局行政构架见图 7-3。

在航空运输方面，运输及房屋局旨在维持和提高香港作为国际及区域航空中心的地位。具体措施包括：扩展香港的航空服务

---

① 6 个新的"支柱产业"是指环保产业、检测认证、医疗服务、教育服务、文化及创意产业、创新与技术，1 个科技园是指以国际化科技发展平台为目标的香港科技园。

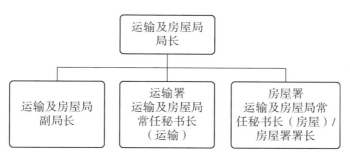

图 7-3 运输及房屋局行政构架

网络；与机场管理局合作，进一步推动香港国际机场的发展；促进航空运输安全和效率；通过发展飞机租赁业务，与国际组织（如国际民用航空组织和国际航空运输协会）共同培训区内航空人才，增强香港在航空领域方面的优势。

继续巩固香港的世界级港口及国际海运中心地位至为重要。运输及房屋局会与供应链中的各个行业合作，营造有利的环境和提供必要的基础设施，以促进物流业的发展，并维持香港作为区内首选的运输和物流枢纽的地位。

(二) 民航处

民航处致力于建立安全、有效率及可持续发展的航空运输系统，奠定香港作为国际及区域顶尖航空中心的地位。民航处行政架构见图 7-4。其主要工作有：

(1) 维持有效法律制度，以实施根据适用国际民航公约制定的相关条文。

(2) 借助先进航空导航系统科技，推动航空业发展。

(3) 确保建立、达到和维持航空导航服务高水平的安全标准。

(4) 在香港飞行情报区内维持既安全、快捷又秩序井然的航空交通。

(5) 确保在香港飞行情报区内提供精准及快捷的航空资讯服务和适时及高效的警报服务。

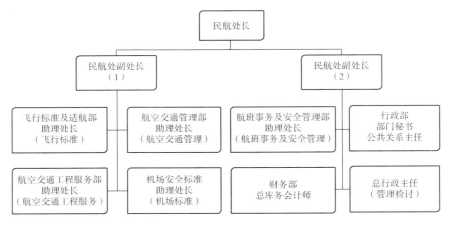

图 7-4 民航处行政构架

（6）确保香港搜救区内飞机出现紧急情况和发生意外时，适当协调搜索和救援行动。

（7）制定和贯彻执行机场安全及航空保安标准。

（8）确保香港注册的飞机和以香港为基地的航空公司符合既定的适航及运作标准。

（9）确保香港认可的飞机维修机构符合国际标准。

（10）确保香港注册的空勤人员和飞机维修工程师符合国际标准。

（11）制定策略并积极采取措施，确保所有航机运作符合相关可承受的安全水平，尽量降低航空安全风险。

（12）监察航空公司有否遵守双边民用航空运输协定。

（13）制订有效措施以减少飞机噪音对社区的影响。

（14）透过协调及综合系统法，推广及管理航空安全。

（15）以公正持平方式进行意外调查，确定肇事原因及实况，以保障生命安全并防止同类意外再次发生。

（三）海事处

海事处行政构架见图 7-5。香港与其他港口不一样的地方在于，香港并没有设立港务局来负责一切港口基本设施和港务监督。大部分港口设施均由私营机构拥有、经营,政府干预微乎其微。香港特别行政区政府设有海事处,负责香港一切航行事务和所有等级、类型船只的安全标准。其主要职能如下:

(1) 促进香港水域内船舶航行、客货运输安全快捷。

(2) 确保在香港注册、领牌和使用香港水域的船只均符合国际和本地的安全、海上环保标准。

(3) 管理香港船舶注册,订立符合国际公约规定的政策、标准和法例。

(4) 确保在香港注册、领牌和使用香港水域的船只所聘用的海员均符合国际和本地规定的资格,并规管香港海员注册和聘用等事务。

(5) 履行香港应有的国际责任,协调海上搜救行动,并确保行动符合国际公约所定标准。

(6) 对付香港水域内的油污、收集船只产生的垃圾和清理香港水域内特定范围的漂浮垃圾。

(7) 以最具成本效益的方式,提供并保养大量政府船只,配合各部门的需要。

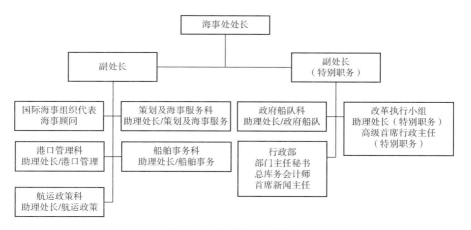

图 7-5 海事处行政构架

### (四) 海运港口局

香港海运港口局是高层次的平台,就香港海运及港口业的发展方针和政策提出策略指引。香港海事局行政构架见图7-6。该局的职权范围如下:

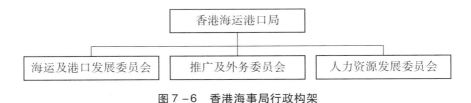

图7-6 香港海事局行政构架

(1) 就发展香港成为海运服务枢纽和推动香港港口持续发展的政策及策略,向政府提供建议。

(2) 督导发展香港海运及港口行业的工作,监察及协调落实情况。

(3) 在海外和内地展开推广工作,推广香港为国际海运中心及主要港口。

(4) 推动发展多元化的海运服务,以吸引企业投资本港海运业务。

(5) 制定海运及港口业人力资源发展策略,并且推出方案,以满足业界所需,并监察海运及空运人才培训基金的落实工作。

(6) 就国际海运业趋势及作业模式进行研究,以帮助制定相关政策、策略及措施。

香港海运港口局下设:海运及港口发展委员会、推广及外务委员会和人力资源发展委员会3个成员单位。

香港海运港口局辖下的海运及港口发展委员会,主要负责:① 制定策略及措施以发展香港成为海运服务枢纽及巩固香港港口的竞争力;② 推展及协调政策研究及市场调研,谋求海运及港口业的发展机遇;③ 为海运及港口业界提供平台,协力促进业界发展。

香港海运港口局辖下的推广及外务委员会，主要负责：① 制定政策及策略，推广香港为国际海运中心及主要港口，并监督工作落实情况；② 推出和进行推广及宣传活动；③ 连同海运及港口业界协力推展推广工作。

香港海运港口局辖下的人力资源发展委员会，主要负责：① 因应海运及港口业的人手供求情况，制定人力资源策略、措施及方案，以支持本港的海运及港口发展；② 督导及进行与海运业人力资源发展相关的研究和调查；③ 监督海运及空运人才培训基金下与海运业有关计划的落实情况并提供意见。

## 三、政府监管方式

香港特别行政区政府在加强通关便利方面也不遗余力。香港作为自由贸易港，对货物进出口只实施最低限度的发证管制，通过多项措施减轻贸易管制带给业界的负担，并加快清关。例如，香港与内地紧密合作，推展"自由贸易协定中转货物便利计划"，便利贸易商使用关税优惠，从而吸引货物经香港转运；还通过"跨境一锁计划"，利用电子设备为转运货物提供无缝清关服务。此外，政府正推进发展"贸易单一窗口"计划，让业界通过"一站式"电子平台向政府提交出入口贸易文件。

### （一）政府职能限定范围，给予市场充分自由

香港特别行政区政府实行积极的不干预政策，将政府职能限定在尽可能小的范围内，给市场经济以充分的自由。在市场准入方面，香港特别行政区政府服务效率卓著、管理规范。具体表现为：企业注册效率高、注册条件宽松、对投资企业监管规范。

1. 企业注册效率高

香港特别行政区企业注册与登记手续简单快捷。企业注册只需要经过3个步骤就可以拿到公司执照。经网上提交申请成立公司，一般会于1个小时内获发有关证书。如以纸张方式提交申

请，发出有关证书需 4 个工作日。

2. 企业注册条件宽松

香港特别行政区法律对公司注册资本的金额没有任何限制，只需缴纳 0.1% 的印花税，并且不用验资，到位资金不限，公司成立后也可以任意地增加注册资本，但前提是必须召开股东大会，并通过增加注册资本的决议案，然后把决议案连同填好的指定格式的表格，以及适当的费用一并递交予香港公司注册处。

3. 对投资企业监管规范

香港特别行政区对外来投资限制较少，依据公司法、银行条例等法律、法规管理公司，规范和约束公司行为。除了法制管理外，香港还通过同业公会和商会之类的民间组织进行自律。

（二）投资自由化，市场活跃度高

香港拥有开放的投资制度，对外来及本地投资者一视同仁，没有任何歧视措施。对其经营活动，政府既不干预也无任何补贴政策，只要遵守香港的法律法规，投资者可投资从事任何行业。具体表现为：行业准入的开放度较高、积极寻求对外投资机遇。

1. 行业准入的开放度较高

在所有香港特别行政区现行法律允许经营的商业活动中，理论上没有一个行业是完全禁止私人和外来投资者参与的，也没有控股比例限制，任何国家或地区投资者都可以实现 100% 的控股。但在众多允许经营的行业中，赌博业是受政府管制最严格的行业。电信、广播等少数行业有条件进入。香港特别行政区政府并无统一立法规定各合法行业的进入条件，但包括电信、广播、交通、能源、酒制品销售、餐厅、医药和金融等在内的多个行业，除商业登记外，都要向有关政府部门另外申请相关行业的牌照。除银行和保险等少数行业以外，一般而言，政府并没有硬性规定需申领牌照行业的进入条件。

2. 积极寻求对外投资机遇

作为国际金融中心，香港特别行政区资金流动自由，筹资方式灵活，集聚了世界各国的大型金融机构，它们的分支机构遍布全球，可以为香港在对外投资中提供全面的买方信贷、项目融资、杠杆收购、资金结算等多种金融服务。目前，香港对在境外投资并没有规定专门的限制，相反，香港特别行政区政府在2007年成立的投资促进署还为本地企业与内地企业在海外投资过程中相互合作提供帮助，包括提供信息、参加投资洽谈会等方面的公共服务。

## 四、港区的产业发展情况

综观香港自由贸易港发展的整个历程，可以发现其产业结构调整的过程：由初级商品的转口贸易以及面向出口的劳动密集型加工贸易，向以金融、国际贸易、航运物流、新技术加工制造、旅游与房地产业为主转变的多元经济结构，并最终向知识密集、资本密集的金融、国际贸易、航运、旅游、"文教医"服务为主的现代服务业的发展演变。

根据香港特别行政区政府统计处数据显示，目前香港经济增长过半来自于金融、物流、旅游和工商业四大支柱产业的贡献，四大支柱行业以不足香港一半的就业人数，创造了香港过半的增加值。2015年四大支柱产业的增加值为13313亿港元，就业人数为178.09万，分别占香港GDP的55.5%，占总就业人数的45.5%，见图7-7。

就四大主要行业（金融服务业、旅游业、贸易及物流业、专业及工商支援服务业）各自的发展来看，旅游业增加值在四大行业中份额最低。2014年约占GDP的5.1%，但增长速度却最快；2004—2014年的年均增长率达11.3%，内地游客"自由行"对香港旅游业的积极作用毋庸置疑。四大行业中增加值份额最大的贸易及物流业，在2004—2014年的年均增长率则最低，仅为3.8%。贸易及物流业的就业人数是四大行业中规模最大的，但在2004—2014年就业人数却出现了负增长，年均增长率

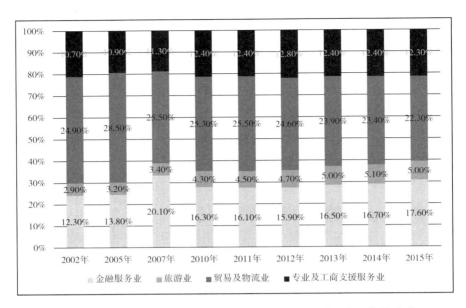

图 7-7 2002—2015 年间四大支柱行业占香港本地生产总值的比重
资料来源：香港统计处。

为 -0.3%。金融服务、专业及工商支援服务在 2004—2014 年的年均增长率分别为 8.1% 和 6.9%，均高于 GDP 的年均增长率（5.5%）。

需要注意的是，虽然四大主要行业的增加值与就业总体数据基本呈现增长趋势，但其增速在 2015 年则不同程度呈现出下跌态势。2016 年 2 月，香港特别行政区政府公布的《2016—2017 财政预算案》显示，由于受到全球经济增长放缓的影响，拖累亚洲地区的出口表现，2015 年，香港的货物出口出现了自 2009 年以来的首次全年下跌，跌幅达 1.7%；服务输出更是出现了自 1998 年以来的首次全年下跌，跌幅为 0.6%；访港旅客人次全年下跌 2.5%，在第四季度跌幅达 8%。受此影响，香港零售业销售量自 2009 年以来首次年度下跌。在其他传统产业发展放缓的影响下，虽然金融及保险业的增加值在 2015 年保持了 6.57% 的增幅，但香港 2015 年的整体经济增长仅为 2.4%，连续 4 年低于过去 10 年 3.4% 的平均增幅。

由此可见，传统四大产业对香港经济增长仍然有着极为重要的影响，中共中央近年来制定多项促进香港与内地合作的政策措施，包括实施内地游客赴港"自由行"政策以及服务贸易自由化等政策，对香港四大产业的发展起到了显著的促进作用。但也要看到，近年来这些传统行业受国际环境及香港内部因素的影响而发展放缓，导致香港经济增长放缓。培育发展新的经济增长点，成为香港产业发展刻不容缓的任务。

## 五、配套政策支持

### （一）优惠的税收政策

香港实行自由贸易政策和简单低税制，打造便利营商环境和推进贸易服务全球化。《中华人民共和国香港特别行政区基本法》第一百一十四条规定"香港特别行政区保持自由贸易港地位，除法律另有规定外，不征收关税"。一般而言，除了4个税号（酒类、烟草与香烟、碳氢油类、甲醇）以外的所有货物的进出都可以享受零关税。美国传统基金会已连续23年评选香港为"全球最自由经济体"。

香港税务的优胜之处在于简单低额，只设3种直接税，包括利得税、薪俸税、物业税，并设有免税额制度。香港特别行政区行政长官林郑月娥在首份施政报告中还提出，要进一步减轻企业尤其是中小企业的税务负担。由世界银行与IFC国际金融企业组织发布的《2016赋税环境报告》认定，香港的赋税环境是全球最佳地区之一。

当前，跨国企业面临着激烈的全球化竞争，税赋水平对企业盈利有着较大的影响。香港特别行政区税赋水平低，是吸引世界著名跨国公司聚集的重要因素之一。香港低税赋主要表现在两个方面：

首先，香港作为自由贸易港实施典型的零关税政策，一般进口或出口货物均无须缴付任何关税。但有 4 类商品除外,分别为酒类、烟草、碳氢油类及甲醇。

其次,香港实行简单低税率政策,税种少,税率低。香港不设增值税和营业税,境外所得利润也不纳税。除非是经营业务,个人也无须就利息、股息、红利、股票等投资所得纳税。香港主要征收 3 种直接税:利得税、薪俸税和物业税。从主体税种看,利得税的税率分别为 16.5%(适用于有限公司)和 15%(适用于非有限公司),这与世界上大多数国家和地区的税率相比都是相当低的。根据世界银行《2014 年全球营商环境报告》,香港企业应税总额占利润的比重为 22.9%,低于东亚及太平洋地区经济体平均 34.5% 的水平,也低于亚太经合组织经济体平均 41.3% 的水平。

最后,在海运业方面,从国际海运业务所获的盈利在香港无须缴纳利得税。香港与 45 个贸易伙伴已签订涵盖航运入息的双重课税宽免安排,海运企业可以保留大部分的营业收入。

(二)积极参与多边贸易协定

香港积极参与多边、区域、双边贸易协定,以此保障和改善香港货品及服务进入外地市场的机会,推动贸易和服务全球化,为营商人士创造新商机。例如,香港与东盟签订了自由贸易协定和投资协定,涵盖了货物贸易、服务贸易、投资及其他相关范畴。迄今为止,香港只签订了 4 份自由贸易协定,且主要是为了帮助已在香港占比超过 90% 的服务贸易进入对方市场。这 4 份自由贸易协定分别是 2003 年和内地签订的《内地与香港关于建立更紧密经贸关系的安排》(CEPA),2010 年和新西兰、2011 年与欧洲自由贸易联盟国家即冰岛、列支敦士登、挪威和瑞士,以及 2012 年和智利签订的自由贸易协定。

(三)简化通关流程

香港特别行政区政府在加强通关便利方面也不遗余力。《中华人民共和国香港特别行政区基本法》第一百一十五条规定"香港特别行政区实行自由贸易政策,保障货物、无形财产和资本的流动自由"。

作为外向型开放经济体,香港长期奉行自由贸易政策,不设置任何贸易壁垒,进出口程序简便。香港对货物进出口只实施最低限度的发证管制,通过多项措施减轻贸易管制带给业界的负担,并加快清关。举例而言,香港与内地紧密合作,推展"自由贸易协定中转货物便利计划",便利贸易商使用关税优惠,从而吸引货物经香港转运;还通过"跨境一锁计划",利用电子设备为转运货物提供无缝清关服务。此外,政府正推进发展"贸易单一窗口"计划,让业界通过"一站式"电子平台向政府提交出入口贸易文件。根据世界经济论坛最新发布的全球竞争力报告,中国香港在通关便利方面的排名继续保持全球第一。香港自由贸易港的通关模式见表7-8。

表7-8 香港自由贸易港的通关模式

| 设置目的 | 建设香港为国际物流中心 |
| --- | --- |
| 设置法源 | 《中华人民共和国香港特别行政区基本法》 |
| 设置区位 | 香港本来就是一个自由贸易港、空港、香港国际(赤鱲角)机场 |
| 主管机关 | ① 海港:码头交由4家民营公司负责经营<br>② 空港:货运站交由两家民营公司负责经营 |
| 产业引进 | 进出口及转口贸易 |
| 通关方式 | ① 24小时通关<br>② 根据进出口(登记)规例(《香港法例》第60章《进出口条例》)的规定,凡将货物进出口人士可豁免报关物品,必须在货物进出口14日内向海关递交详细报关表,其中,货物进出口人必须为香港登记之公司或当地居民<br>③ 豁免报关物品递交进出口报关表,进出口商仍需嘱咐货运公司在货物舱单上清楚注明或免物品所属类别,以方便贸易文件处理及复核工作 |
| 资讯平台 | 海运:贸易通/CCS<br>空运:贸易通/ACCS<br>陆运:贸易通/LBS |

续上表

| | |
|---|---|
| 优惠措施 | ① 其进出口货物除酒类、烟草、碳氢油类及甲醇外,一般货物无须缴纳关税,由于货物进出口香港,均不课征关税及营业税,故香港无运送免税区及冲退税之制度<br>② 与主要贸易国家协调消除双重课税协定<br>③ 原则上只有在香港取得的收入才需课利得税,在香港境外取得之收入无须纳税。若公司有以往年度的累积亏损,可用以抵扣未来之所得,无时间限制 |
| 税务负担 | 货物由境外进入自由贸易港区时免关税及加值型营业税,除4种货物需课货物税外,其余皆无须课征 |
| 人员进出 | 入境:采宽松之方式,包括落地签等<br>入区:不管是港口或机场的货运站因为民营公司经营管理,故人员进出由民营公司核准及自行管制 |
| 招商 | 由香港招商局及香港贸易发展局负责 |

## (四) 健全完善的法律体系

支撑自由贸易港公平竞争经济环境的,是香港健全完善、历经上百年发展演变、源自普通法的法律体系。香港自由贸易港在健全的法律体系的支持下发展,无论是银行、资产管理、船运、商业还是贸易等相关领域,均有法律条文与之对应,基本上做到每种经济活动和经济关系都有相应的法规加以约束,从而创造维持了一个公平竞争的经济环境。

香港的条例和附属立法有1000多件,而经济法规约占总数的45%,这些法规构成了自由竞争"游戏规则"的基础。涉及投资和贸易的法规主要有:《公司条例》(《香港法例》第32章)、《商业登记条例》(《香港法例》第310章)、《进出口条例》(《香港法例》第60章)、《应课税品条例》(《香港法例》第109章)等;涉及金融行业的法规主要有:《银行业条例》(《香港法例》第155章)、《证券条例》(《香港法例》第333章)等;涉及劳资法规主要有《雇用条例》(《香港法例》第57

章)、《劳资关系条例》(《香港法例》第 55 章) 等;涉及知识产权法规主要有:《商标条例》(《香港法例》第 559 章)、《商标规则》(《香港法例》第 559A 章)、《注册外观设计条例》(《香港法例》第 522 章)、《版权条例》(《香港法例》第 558 章) 等。严密的法规和条例,使得在香港从事任何经济活动,都可以找到法律依据,并受到法律的监督。同时,随着经济的发展,香港这些经济法规又在不断地进行补充、修改、完善。2012 年 7 月,修改后的《公司条例》获得香港特别行政区立法会通过,相关附例的立法随之展开。

**参考文献:**

[1] 李梅. 我国保税港区与国外自由贸易港的比较研究 [D]. 大连:大连海事大学,2010.

[2] 胡凤乔. 世界自由贸易港演化与制度研究 [D]. 杭州:浙江大学,2016.

[3] 陈会珠,孟广文,高玉萍,等. 香港自由贸易港模式发展演化、动力机制及启示 [J]. 热带地理,2015,35 (1):70 - 80.

[4] 邢厚媛. 中国 (上海) 自由贸易试验区与中国香港、新加坡自由贸易港政策比较及借鉴研究 [J]. 科学发展,2014 (9):5 - 17.

[5] 钟韵,贺莎. 回归以来香港产业结构升级对经济增长的影响研究 [J]. 港澳研究,2017 (2):44 - 51.

## 第三节 美国旧金山自由贸易港的建设经验

旧金山港又叫圣弗朗西斯科港或三藩市港,是位于美国加利福尼亚州旧金山湾西岸的一座港口,被誉为"世界三大天然良港"之一。旧金山港的历史开始于 19 世纪中期,之后快速发展。1948 年,旧金山港获得授权、建立、运营、推广和维护第三号外贸区（FTZ No. 3 San Francisco）。旧金山港所在的城市——旧金山是美国著名的湾区城市，与奥克兰以及硅谷所在地圣荷西等主要城市构成旧金山湾区，是湾区的政治、经济、商业和文化中心。近年，硅谷有部分科技企业受旧金山优质综合配套的吸引，把总部从硅谷搬到旧金山。

# 一、旧金山自由贸易港的概况

## （一）区位或交通优势

### 1. 水运

旧金山港位于旧金山湾西缘，靠近金门，东距奥克兰水路3海里，有跨海湾大桥相连，海外至夏威夷火奴鲁鲁2100海里，距横滨4540海里，距上海5400海里，港区分布在旧金山奥克兰大桥南北。

### 2. 航空

港口距旧金山国际机场21千米，旧金山国际机场是旧金山湾区及加利福尼亚州的重要机场，拥有可直飞美洲、欧洲、亚洲和大洋洲许多大城市的航班。2009年这一机场是美国第十繁忙的机场，同时也是世界第二十大机场。

### 3. 陆运

阿姆特拉克铁路连接着旧金山、洛杉矶、西雅图和芝加哥。旧金山火车站在第四大道和镇角街相邻处，也是加州铁路线的终点站。港口提供联合太平洋铁路公司与旧金山湾铁路的相关服务。

## （二）功能定位

旧金山湾区是加州第二大都会区，是世界旅游胜地，拥有众多美国国家公园等自然景观。湾区还是世界上最重要的高科技研发中心之一，象征着21世纪科技精神。拥有全美国数量第二多的世界500强企业总部（仅次于纽约），是美国西海岸最重要的金融中心。旧金山湾区也是世界最重要的科教文化中心之一，拥有世界著名高等学府包括公立型的加州大学伯克利分校和私立型的斯坦福大学，以及世界顶级医学中心加州大学旧金山分校。作为美国乃至北美的西海岸门户，旧金山港其价值在于帮助缓解国外竞争优势并提升美国工人的受雇机会。此外，旧金山湾区所在的加州是全美自由贸易区数量第二的州，开放创新是其重要特征。美国自由贸易区数量的空间分布见图7-8。

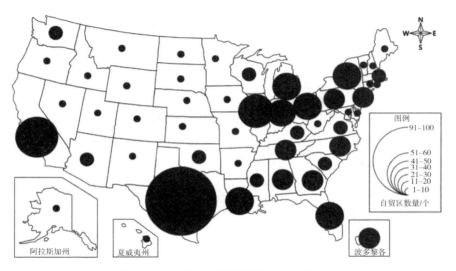

图7-8　美国自由贸易区数量的空间分布

## （三）历史演进

旧金山自由贸易港在不同时期做出不同的战略层调整。1863年"法案"第306章通过，加利福尼亚州港务委员会成立，并着手在旧金山海滨建造海堤。1929年"章程"第835章通过，国家运营的旧金山港债券融资委员会成立。1937年"章程"第368章将该委员会的名称改为加利福尼亚州旧金山港港务委员会。1948年，旧金山港获得授权，建立、运营、推广和维护第三号外贸区（FTZ No. 3 San Francisco）。1957年"章程"第112

章将该委员会重新命名为旧金山港务局,该机构仍然属于国家管辖范围。1968 年"章程"第 1333 章将旧金山港务局的所有权力、管辖权和控制权转交给旧金山港,设施转交给旧金山市和县。完成这些转移后,港务局停止运作并解散。新成立的旧金山市政府港务委员会负责和控制旧金山港。最终,这个委员会再次改名为旧金山港口委员会,直至今天。2018 年,第三号自由贸易区的地理范围已扩大到包括旧金山、圣马特奥、马林、康斯塔科斯塔、索拉诺县以及纳帕和索诺玛县的大部分地区。

## 二、旧金山自由贸易港的物流业状况

### (一)货运业务

旧金山港的独特之处在于能够以高效且经济有效的方式处理多种类型的货物。80 号码头的自动处理终端用于服务北加利福尼亚州的大型汽车经销商网络。多个港口和货运服务设施位于码头附近,方便客户使用拖船和驳船公司、重型起重机服务、外贸区、冷藏和仓储以及全面服务的船舶维修服务。

### (二)客运业务

旧金山港在 27 号码头(James R. Herman)和 35 号码头邮轮码头每年接待超过 80 艘游轮、30 万人次。行程包括从旧金山到阿拉斯加、夏威夷和墨西哥的往返航行。作为世界知名的旅游胜地,旧金山为游客提供美妙的用餐、优质购物、全景景观、迷人的社区,为旧金山港制造了大批的客运流量。

十年期间,旧金山港的接纳与发送旅客数整体在不断上升,从 50000 人逐步上升到了 100000 人;过境旅客一直稳定在 70000 人次左右。而近两年,无论是接纳、发送还是过境人数,都趋于稳定。十年来,旧金山港合计接纳旅客 766292 人次,发送旅客 788010 人次,作为西海岸重要的客运交通枢纽发挥了重要作用。

见图7-9。

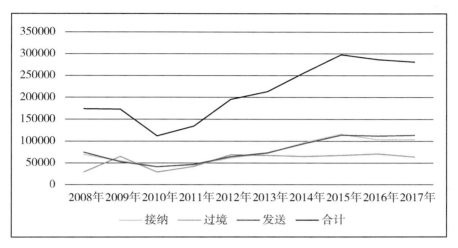

图7-9 近十年旧金山港客运量统计

## 三、旧金山自由贸易港的产业发展状况

旧金山港作为通往世界级城市的门户海滨，多种多样的用途吸引了超过2400万人前往海滨就业。为推动环境和财政上实现可持续发展，增加了海上娱乐和经济机会。为了提升城市、海湾地区和加利福尼亚的服务，提出了产业多样性的战略发展规划。委员会管辖权沿着海德街码头向南的海滨一直延伸至南部的印度盆地。港口的运营内容包括超过550个地皮，商业、零售、办公室、工业和海事工业租赁，其中，包括许多国际公认的地标，如渔人码头、PIER 39、渡轮大厦和旧金山巨人棒球队的主场"AT&T Park"。2014—2015年港口的主营收入见图7-10。

（一）文化休闲产业

依托优越的地理位置优势，地处发达的世界级都市旧金山腹地，又拥有优良的水域资源，旧金山港借此大力发展娱乐产业。

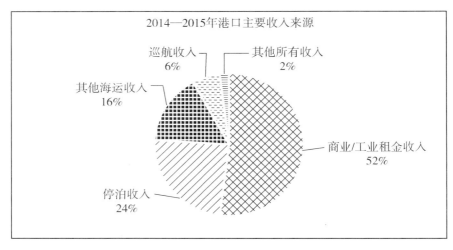

图 7-10　2014—2015 年港口的主营收入

1. 艺术产业

旧金山港沿岸有许多艺术作品，包括两种不同的类别：临时艺术装置和永久性装置。艺术家、设计师和制造商制作他们的作品，不论是船舶、绳索、绘画、照片、电影、印刷品、雕塑、数字媒体还是其他产品，都有机会在旧金山港沿岸进行展出。这些美丽的艺术装置为旧金山港增添了许多人文风情。

2. 旅游业

旧金山港有众多旅游公司提供相关的短途旅行、婚礼派对活动。39 号码头的蓝色和黄金舰队可以提供旧金山湾之旅、晚餐、舞蹈巡游等服务。33 号码头旧金山湾的餐饮游轮，提供包括会议、派对、招待会和其他活动。

3. 船舶运动产业

旧金山湾提供壮观的景观，满足各种类型的赛艇运动所垂涎的特殊条件。无论是美洲杯赛事、三角帆船、风帆冲浪、驾驶皮划艇或划船，旧金山港沿海湾海岸线约 21.73 千米都提供基础设施和无障碍设施。多个赛艇、游艇俱乐部驻扎在旧金山港。

4. 海滨餐饮业

旧金山港拥有数百家餐厅，全部位于约 12.07 千米长的海滨。在这里可以找到世界上最好的海鲜餐厅、典型的旧金山咖啡馆和许多屡获殊荣的餐馆。旧金山湾借助美丽的风景成为美国最好的餐饮目的地之一。

（二）房地产业

旧金山港房地产部门负责所有房地产资产管理、物业和租赁管理，以及从渔人码头延伸至 Heron's Head Park（96号码头）的约12.07千米长的海滨物业的港口商业和工业物业的营销和租赁。港口拥有560多个商业和工业租户，占地面积191.38万平方米，年收入约5230万美元。这还不包括海运部门管理的海运租户的租赁。

旧金山海滨开发、经营业务的企业家可以通过港口的零售租赁政策获得投标零售租赁的机会。港口物业的业务包括餐厅、画廊、船舶博物馆、纪念品商店、食品和饮料销售、服装和服装店。租赁收入对港口运营和资本预算的资金来说至关重要，这些预算支持港口的公信力海事任务。港口的零售租赁也为当地商人和旧金山居民的就业提供了机会。

## 四、旧金山自由贸易港的内部行政管理

旧金山港是一个半独立组织，负责监督美国加利福尼亚州旧金山的港口设施。由市长任命并经监事会批准的5人委员会管理。每名专员的任期为4年。港口委员会负责港口开发、销售、租赁、管理、维护。

（一）人事任命制度

1. 委员选举

（1）市长正式任命5名委员。

（2）委员中将有1位主席和1位副主席当选。他们将任职1年或直到选出继任者。选举将在每年1月的第一次会议上举

行。任何人员不得连续在同一办公室连续工作两年以上。

2. 员工

（1）将有一位由委员会提名但由市长批准的执行董事，委员会决定执行董事的不确定任期。

（2）委员会秘书将由委员会根据宪章任命，可以无限期任用。

（3）城市检察官应成为委员会的法律顾问；经市长同意、市检察官批准，可以任命特别顾问。

（二）定期会议制度

（1）港口委员会定期会议在每个月的第二个星期二举行，并在二月、三月、四月、五月、九月和十月的第四个星期二再次举行。一月、六月、七月、八月、十一月和十二月只有一次定期月度会议。在二月、三月、四月、五月、九月和十月有两次定期会议。除非另有说明，会议将于下午2:00开始闭会，下午3:15开放会议。会议在渡轮大楼二楼港口委员会听证室举行。

（2）决议或动议必须由大多数港口委员会成员通过。目前，由3名成员构成交易业务的法定人数。

（3）凡在非常规会议地点举行特别会议，应至少在会议开幕前15天通知会议时间和地点。

（三）委员会程序

（1）委员会采取的所有行动均应通过决议。

（2）对任何决议或动议的表决记录应在委员会会议记录中以唱名表决和否决表决形式进行。委员会的会议程序应以委员会委员可能共同同意的方式进行。无论何时需要任何专员，罗伯特的"秩序规则"均适用于任何程序的管理。因此，不应考虑采取任何决议或采取其他行动，直至该决议得到适当调动、借调和执行。所有出席任何会议的委员投票通过的决议均应被视为已经移交、借调并按适当形式通过。

（3）发言权可授予任何公众成员，旧金山市县官员或其正式授权代表，以便对委员会面前的任何问题发表意见。主持官员可以将分配给每位发言人的时间限制为3分钟，但是，经过至少3名专员的同意，可以延长发言人的发言时间。

（四）主席、副主席和秘书

1. 主席

（1）总统是旧金山港口委员会的官方负责人，主持所有会议并有权投票。

（2）主席可酌情召开特别会议，并应委员会任何3名成员的要求召开会议。

（3）总统是所有委员会的当然成员。

2. 副主席

主席缺席或无行为能力时，副主席应履行或履行主席的一切义务。

3. 秘书

（1）委员会秘书应出席委员会的所有定期和特别会议，并保持对会议记录和会议纪要的真实和准确记录。会议记录副本应在下一次会议之前打印并提供给委员会的每个成员。正式的会议记录副本，经秘书签字后，应经过批准，被限制并保存为永久卷，题为"Minute Book"。

（2）委员会秘书还应完整保留委员会所有决议的原件和索引，并附有关于表决的记录或其他行动，并且在方便的情况下，应将这些文件的标题设置为"港口的书籍中的永久记录决议"。所有决议应按数字顺序排列。

## 五、旧金山港的外部行政管理机制

基于不同的经济体制和经济基础，各国自由贸易区发展的过程中积累了不同的政策导向和管理经验。作为一种特殊的经济区域,自由贸易区行政上的依赖性和经济上的相对独立性,决定了其管理体制构成的复杂性和特殊性。美国自由贸易区在长期发展过程中,逐渐形成了独特的管理模式。旧金山港自由贸易区作为美国第三号自由贸易区,属于美国对外贸易委员会的管辖。

(一) 双层管理机构各司其职

美国自由贸易区的管理机构主要分为两个层级,见图7-11。

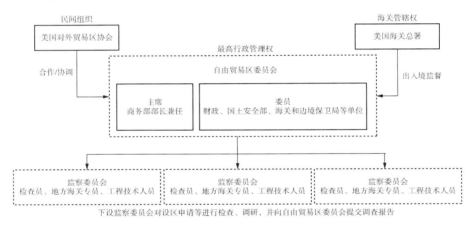

图7-11 美国自由贸易区的行政管理架构

第一层级是统筹性的管理协调体系。包括美国对外贸易区委员会 (foreign trade zone board, FTZB)、美国海关总署和全国对外贸易区协会 (national association of foreign trade zones, NAFTZ)。

对外贸易区委员会为美国所有对外贸易区的最高行政管理机构,其主要职责是对自由贸易区进行宏观决策、调控、监督和协调。美国自由贸易区委员会是负责全国自由贸易区的最高管理机构,该委员会主席由商务部部长兼任,主要成员包括财政、国土安全部、海关和边境保卫局等单位。委员会通过委任代理委员处理事务。自由贸易区委员会的执行秘书处设在商务部,并通过由检查员、地方海关专员以及工程技术人员等组成的检查委员会对设区申请等进行检查、调研,并向自由贸易区委员会提交调查报告。

美国海关总署配合对外贸易区委员会工作，行使海关管辖权，对进出货物和人员活动进行监督管理。美国对外贸易区协会作为民间性组织，积极参与协调与合作，主要针对普遍遇到的共同性问题和困难进行讨论与协商，同有关政府部门进行商议，寻求解决办法。

第二层级是对外贸易区的内部管理经营体系，以承办者和运营者为主体。美国自由贸易区委员会通过对自由贸易区所在地的承授机构进行授权，使其拥有建设、运营和维护自由贸易区的特权。但承授机构必须具有公共性质，如多州市政机构以及以建设区域项目为目的的私营企业等。承办者主要包括经过对外贸易区委员会授权的法人团体或私人公司，根据相关法律和公共事业原则雇用运营者对对外贸易区进行经营管理。

（二）主区－辅区并行运营

美国对外贸易区的发展形成了颇具特色的主区（general purpose zones）和辅区（subzones）经营扩展模式。截至2015年6月，美国批准成立261个主区和593个辅区。其中，主区是综合性的多用途区域；辅区则通常由一家公司划定经营，属于专门性的特定用途区域（以单一企业为主）。当通用的主区内出现公用场所不能满足相关企业发展需求时，依据相关法律可以准许建立分区，作为主区的附属部分。

从企业经营的角度来说，即使受到用地成本、固定投资或环境因素等各种条件限制无法进驻主区，也可以利用辅区制享有自由贸易区的所有政策优势。需要指出的是，由于辅区以加工制造业活动为主，且一个主区可附属多个辅区。目前，对外贸易区77%的出口货物是由辅区完成，其经济总量规模大大超过主区。其中，石油生产、汽车零部件制造、纺织服装、钢铁、食品和造船等都是以设立辅区的形式存在。因此，众多辅区已然成为美国对外贸易的主体。主辅区的运营模式，既体现了美国自由贸易区发展机制的灵活性，又提高了自由贸易区生产资源的空间配置效率。

（三）矩阵式联络制协调沟通

美国对外贸易区委员会以不同的区域和活动类型两个因子为依据，建立矩阵式联络制度，以实现对全美各个地区对外贸易区的有效沟通。一方面，根据各个自由贸易区所在州的地理位置将自由贸易区划分归属到东部区域、大湖区域、中部区域和西部区域。每个区域各自配备 1 名联络员，将全国所有自由贸易区加以囊括；另一方面，根据自由贸易区的相关活动类型，又将其划分为六大类别，主要包括新设或变动的对外贸易区范围、有关制造活动、石油炼制、年度汇报、申请副本和利用港口进行沟通等，并配备专职的交叉联络员。以上四大区域和六大类别构建起矩阵式联络制度，为自由贸易区发展提供了高效的沟通保障机制。

## 六、旧金山自由贸易港的优惠政策

（一）每周海关入场储蓄

举例说明：通常情况下，每周有 10 批货物，每批货物的价值超过 230952 美元，商品加工费每周将增加到 4850 美元（485×10 美元），即每年 252000 美元。使用旧金山自由贸易港的公司可以利用"每周进入"程序，每年节省 226980 美元。根据每年收到的货物数量，每家公司的储蓄可能会大幅增加或减少。

（二）延迟缴税

由于外贸区在美国的关境之外，货物在离开该区域之前不视为被进口。因此，关税收取可以推迟到从外贸区进口。因此，企业无须提前拨入大量资金用于支付关税，而可以将其先用于其他目的。

### (三) 消除废物、废料和产量损失的职责

如果加工商或制造商在自由贸易区环境内进行经营活动,则该商品不被视为进口商品,因此在它离开该区域运往美国之前不需要缴税。在该区域被定义为废物和废料的货品,不能进口到美国,但废料和废物可以再出口或处置。

### (四) 消除被拒绝或有缺陷的零件的重复税收

发现有缺陷的商品,可能需要退回原产国进行维修或简单销毁。许多公司遭受"双重责任紧缩":海关对进口商品征收关税,若企业发现商品存在缺陷并将其退回原产国进行维修,但在商品重新进入美国时,又需要再次缴税。如果使用自由贸易区,无论选择何种方式,都不需要缴税,因为被拒绝的商品永远不会进入美国的商业。

### (五) 国产成分或增值税减免税

自由贸易区内的产品"附加值"(包括使用国产零件的生产、劳动力成本、管理费用和利润)不包括在最终产品离开自由贸易区时的完税价格中。最终的税率仅针对外国成分进行评估。

### (六) 销售给美国军方或美国国家航空航天局免税

对从自由贸易区出售给美国军方或美国航空航天局的商品不收取任何税费。

### (七) 再出口税减免

如果不使用自由贸易区,制造商或加工商将组件或原材料进口到美国,则在组件或原材料进入该国时需要支付进口关税。但是,外贸区被认为不在美国和美国海关领土的商业范围之内。因

此，当外国商品进入外贸区后、商品离开区域进入美国商业之前不需要缴纳关税。如果进口商品出口到国外，则没有关税。

（八）当地从价税税收减免

储存在外贸区的外国商品或出口区内的商品不受任何州或地方从价税的限制。

（九）减免倒关税

一般来说，如果将外国商品带入外贸区或分区并制造成税率较低的产品，则适用较低的税率。例如，当一个外贸区用户进口一台电动机（税率为5.3%），并将其用于制造吸尘器（其税率为1.4%）时。当真空吸尘器离开自由贸易区并进入美国商业时，电动机所欠的税率从5.3%的电动机税率下降到1.4%的吸尘器税率。

## 七、旧金山自由贸易港的建设经验总结

作为世界上最发达最开放的国家之一的西海岸门户，旧金山港一直代表着世界同级自由贸易港的先进水平。早在1934年，美国通过了《1934年对外贸易区法案》，标志着美国对外贸易区机制建设的高起点。而1938年旧金山港就被设立为第三号自由贸易区。经过近百年的发展，旧金山自由贸易港发展出了具有自己独特性的一套优良行政管理机制。

（一）充分发挥地缘优势，大力打造经济多样化

旧金山港湾天然处于旧金山腹地之中，得以与高度发达的城市区域接壤。借助此地缘优势，旧金山港在发展传统货运、客运产业的同时，涉足教育、生态、旅游、文化、房地产等多样产业，实现港口功能闭环的同时增加收入，为港口持续的健康发展提供了有力的经济支撑。最近几年受邻近硅谷的辐射影响，旧金

山吸引了不少高新科技企业进驻。

### (二) 注重生态保护,实现人与自然的共赢

旧金山湾区以环境优美吸引全球人才集聚。因此,旧金山港也十分注重生态产业的发展,在空气、建筑、气候、能源、土地、运输、水资源等各个方面都有开展相应的生态保护工作。在保护生态环境的同时,港口也为客户创造了更好的体验,诸如在码头为货船提供清洁的电能,货船便无须使用自己的燃煤能源,而港口使用混合动力汽车替代燃油动力汽车,长久来看降低了港口的运输成本。注重生态保护,不以牺牲环境换发展,旧金山自由贸易港的发展经验值得国内很多港口城市和湾区城市群学习。

**参考文献:**

[1] 董岗. 美国自由贸易区的运行机制及政策研究 [J]. 江苏商论,2013.

[2] 殷为华,杨荣,杨慧. 自由贸易区的实践特点透析及借鉴 [J]. 世界地理研究,2016.

## 第四节 法国马赛自由贸易港的建设经验

### 一、马赛自由贸易港的概况

#### (一) 地理区位

马赛自由贸易港是法国最大的海港,在欧洲仅次于鹿特丹港,位处第二大港,是西欧地中海沿岸的重要贸易门户。马赛自由贸易港在罗讷河入海口东侧的里昂湾内,是一个无潮差、无强流、无雾的天然良港。马赛自由贸易港位于地中海沿岸的理想位置,是通往欧洲的天然门户,它被定位为欧洲北部港口的南部替

代品,以进入法国和欧洲市场。

(二) 设立背景及发展历程

马赛是法国最古老的城市,至今已经有 2500 多年的历史。公元前 6 世纪,古希腊水手就驾驶帆船西行到这里,把船只停泊在小海湾,同时在岸边建起居民点,这就是马赛的萌芽。中世纪时,此地作为船运和补给点再度兴旺。马赛自由贸易港于 1520 年开始建设正式码头。1844—1939 年,近百年间主要建成马赛老港。工程包括 1 条与海岸平行的防波堤、7 个港池和 2 个外港。码头岸线长 19 千米。"二战"后,在它的西面相继建成卡隆特港、拉沃拉港和贝尔港。1965 年,又开辟了福斯工业港。1966 年,法国政府将上述各港和位于罗讷河口原有的圣路易港以及拉沃拉、福斯两大工业区都划归马赛自由贸易港务局管辖,称为马赛自治港,即享有法律地位和财政自主权的国家合营机构。原先各独立的港口成为自治港的港区。为适应集装箱船和滚装船运输的需要,近年进行了老港池、老船坞的改造和新码头的建设。见图 7-12。

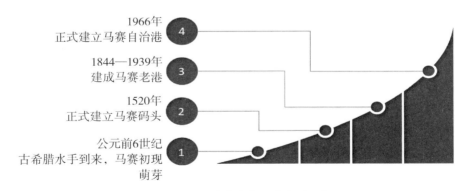

图 7-12 马赛自由贸易港发展历程

(三) 发展现状

马赛自由贸易港目前有 93 个件杂货泊位(包括集装箱泊

位)、29个滚装船泊位、26个修船泊位、4个等候泊位和10个修船干船坞,其中,十号坞可修理50万吨级油船。仓库堆场总面积为38万平方米。吞吐量自1973年以来保持在1亿吨左右。马赛自由贸易港拥有广阔的空间和完善的基础设施,能够适应海运、物流和工业活动。通用港口,它可以处理任何类型的商品:碳氢化合物和液体散装品(石油、天然气和化学制品)、各种商品(容器和其他包装)、固体散装(矿石和谷物)。像任何世界级的港口一样,它也提供了修船业务。同时,马赛自由贸易港也是一个符合乘客、邮轮和渡轮活动所需国际标准的港口。每年有超过200万人通过马赛自由贸易港口。在不到十年的时间里,它已成为法国主要的邮轮港口。见表7-9。

表7-9 马赛自由贸易港发展现状

| 件杂货泊位 | 93个 | 等候泊位 | 4个 |
| --- | --- | --- | --- |
| 滚装船泊位 | 29个 | 修船干船坞 | 10个 |
| 修船泊位 | 26个 | 仓库堆场 | 38万平方米 |

目前,港口将其发展重点放在具有高增长潜力的活动上:集装箱业务及其在两个流域的服务:巡航和修船。同时,它还支持其传统活动:碳氢化合物和石油化学工业,包括成品和储存,以及混合国内国际货运、客运专线。

马赛自由贸易港有广大的腹地,通过高速公路网和电气化铁路网连接法国和整个西欧:4400吨内河船舶从罗讷河可上行至法国里昂和索恩地区;输送能力为每年9000万吨原油和600万吨成品油的南欧管道线和中罗讷管道线可从港口将原油和成品油输往里昂、日内瓦、法国东部和德国莱茵河西部地区。同时,马赛自由贸易港还临近马赛-马里尼安国际机场,该机场是法国第二大机场,这样空运也被纳入了马赛自由贸易港的运输网。四通八达的运输网使马赛自由贸易港成为南欧散货、原油和集装箱的最大集散中心。目前,港务局正在积极发展中转运输,通过集装箱支线船和铁路转运的有利条件承接中转货物。此外，还可利用驳船经罗讷河运往法国内陆。最近，港务局已经开始为马赛自由贸易港建设占60万平方米的综合物流基地而进行可行性研究。建设物流基地是为了将该港建成运往全欧洲的杂货中转基地。该中转基地不仅具有往南欧和地中海的保管和调运机能，而且成为往北欧和中欧地区的调运中心。

由此可见，马赛港口的发展不仅需要完善自有的交通网络，而且也要着眼于搭建与内地集疏运网络的联结，充分利用城市规模效应，在港口发展战略上应与城市发展战略相协调以吸引其大宗货物的集散。同时，可以把机场纳入港区铁路网，为港区的发展配套完善的交通运输条件，最大限度地发挥港口的辐射作用。

## 二、马赛自由贸易港体制机制

马赛自由贸易港是法国最大的港口，也是一个自治港。2008年10月9日，马赛自由贸易港正式成为马赛的重要港口。见图7-13。

图7-13 马赛自由贸易港俯瞰

## （一）马赛自由贸易港组织机制

马赛自由贸易港实行港口管理委员会和港务局两级管理体制。

### 1. 马赛自由贸易港的决策机构是港口管理委员会

港口管理委员会作为管理机构的法人。马赛自由贸易港港口管理委员会有委员 24 人，由主席、副主席和秘书长组成领导小组，成员有工商界代表、欧洲共同体代表、法国政府代表、港务局各部门负责人及职工代表。见图 7-14。委员会主席由公共事业运输部部长的提名并经内阁任命。由于港口管理委员会的委员有国家公职人员，而且港口基础性设施建设资金的 60%~80% 由国家补贴，因而国家对自治港的发展和管理起着重要的领导和监督作用。港口管理委员会具有财政上的自治权，它被置于公共事业运输部部长的监督之下。为此，具有批准预算、事业计划、费用、工资的权力，也有决定投资计划、筹措资金、利润分配等权力，并接受国家财政、经济管理。

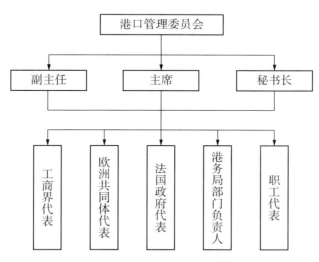

图 7-14　马赛自由贸易港港口管理委员会组织架构

## 2. 马赛自由贸易港的执行机构是港务局

港口管理委员会做出的决议由港务局负责实施。港务局是半官方机构。港务局设专职港务局长,港务局长由法国政府内阁在征求管理委员会意见之后予以任命。港务局负责港口设施(包括临港工业区)的规划、建设和管理,并独立进行经济核算,自负盈亏。

由此可以看出,马赛自由贸易港的管理委员会中有当地有关方面的代表,因而与当地的关系更为密切。对港口的治理偏重于国家管理。法国政府对港口管辖权的转让做出了规定,政府有权在任何时候将省级港口转为国家港口。同时,政府对于港口亏损会有补贴,法国设有社会经济发展基金,当港口出现经营亏损时,经公共事业与运输部的海关运输与港口管理局的批准,可向亏损港口提供补贴,以减轻其债务负担。

### (二)马赛自由贸易港的财务体制

马赛自由贸易港的收入来源为:船舶港务、货物及旅客通过费,机械使用费,其他服务收入,不动产收入,来自国家的补助,征收被认可的税金和缴纳金的收入,市工商会和地方工商会及其他公共机构和个人协作资金的收入,其他所有的经常性收入。马赛自由贸易港建设资金支出由法国政府和港务局按照一定比例分摊,见图7-15。

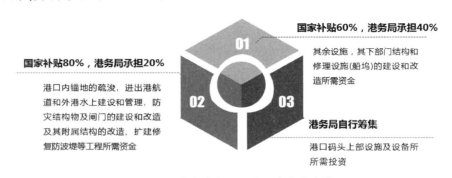

图7-15 马赛自由贸易港建设资金支出情况

(1) 港口内锚地的疏浚，进出港航道和外港水上建设和管理，防灾结构物及闸门的建设和改造及其附属结构的改造，扩建修复防波堤等工程所需资金，国家补贴80%，港务局负担20%。

(2) 除此以外的设施，其下部门结构和修理设施（船坞）的建设和改造，其费用由国家负担60%，港务局负担40%。

(3) 港口码头上部设施及设备所需投资由港务局自行筹集解决。

综观马赛自由贸易港的体制机制建设，由于接纳了社会各界代表参与马赛自由贸易港的管理，在建设的过程中能够接受社会各界的建议和监督，这样形成了港口建设的良好循环反馈过程。同时，政府对港口的扶持力度较大，在港口的建设和经营过程中起着重要的引导作用，对港口的发展起着坚实的保障作用。马赛自由贸易港的这种体制机制克服了港口公营的弊端，将港口的政府社会性与私营公司的市场经营高效性相结合。

## 三、马赛自由贸易港的贸易投资政策

马赛自由贸易港作为法国最重要的港口之一，更是法国鼓励外国企业进行投资和贸易往来的重点。中法两国签有海运协定、航空运输协定、长期经济合作协定、避免双重征税协定、投资保护协定、知识产权合作协定等，设有经贸混委会和农业及农业食品合作委员会等。

法国政府历来重视和其他国家的贸易往来，采取了一系列措施鼓励国家之间的贸易投资。法国是全球最重要的外国直接投资目的地之一，自2003年起，法国确定25个优先开拓的国家和地区，尤其把中国确定为5个最优先开拓的国家之一，下大力气整合国内力量，强化官方外贸促进机构法国企业国际化发展署的职能，重视发挥驻外经贸机构的作用。

## 四、马赛自由贸易港的税收政策

对于那些在马赛投资的有利于保护环境、维持可持续发展的项目以及缩小不同地区间经济社会差距的项目,法国政府会给予相应税收优惠政策,投资优惠侧重就业,旨在保护现有就业岗位,创建新岗位,为就业困难群体增加就业机会。

### (一)研发税收抵减

根据现行的优惠政策,进行投资的公司的部分研发费支出(1亿欧元以下的研发费用的30%以及超过1亿欧元部分的5%)可以抵减应纳税额。未在当年抵减完的研发费用支出最多可向后结转3年。如仍有剩余抵减额,可以在5年内开设新公司时获得偿付,或在3年后获得偿付。

特定的活动可以适用加速折旧。此外,一些费用支出也可在12个月的时间内摊销。

### (二)竞争和就业税收抵减

竞争力和就业税收抵减的计算基数为企业不超过国家最低工资水平的2.5倍的工资支出(2016年法国最低工资数额为43999欧元)。竞争力和就业税收抵减的比率为6%,可直接抵减企业在3年内的公司税应纳税额,未抵减部分可以获得退还。中小企业每年都可以就未抵减的竞争力和就业税收申请退还。竞争力和就业税收抵减只能用于法律规定的特殊目的(投资、研发、创新、培训和招聘等领域),且不能用于分红、员工薪资福利等其他管理方面。

中法税收协定在很大程度上限制了来源国的征税权,能够有效避免双重征税,但并没有完全消除来源国的征税权,法国政府对中国居民来源于法国的收入在满足一些条件或者情形下仍然享有征税权,因此,消除双重征税条款规定了税收抵免制度,其目的和功能就在于让居民国承认来源国征税的税额,并在此基础上在居民国给予税收抵免优惠,从而进一步消除双重征税。

## 五、马赛自由贸易港产业发展情况

### (一) 物流服务

从事非港口主业最积极的企业要数马赛自由贸易港。该港将自己的业务范围扩大到物流或内陆运输领域。众多资料表明,马赛自由贸易港务局正在建造一座港口物流中心,总投资约 211 亿法郎。该中心占地 1.6 平方千米,位于福斯集装箱码头附近。预计法国港口集装箱吞吐量 5 年内将翻番,达到 1200 万标准箱,该项目就是这一战略规划的重要组成部分。

马赛自由贸易港务局证实将在东港区的莫里潘集装箱码头附近新建第二座物流中心,占地 0.6 平方千米。两个中心建成后将全部从事进出港货物的增值物流服务,从储存、装配到包装、配送。这两个项目的基础设施土建工程目前正在进行,包括配置一些基本设施,以及连接全法铁路网的进港铁路系统。

配送港的第一个大用户将是法国主要货运商——戴农,用作向南欧地区出口矿泉水的基地。戴农拥有一个 0.06 平方千米面积的场地,从事出口亚洲及北美的装船业务。据戴农称,它之所以选择该配送港,部分原因是它临近 Evian 工厂,但更重要的原因是该物流枢纽具有发达的腹地水、铁、陆路多式联运网络。

马赛配送港项目代表了一种思路,努力弥合欧洲集装箱港口分割的局面。配送港理念作为一种可行的通道,正在得到积极的鼓励,作为货主及物流供应商对北欧业务的一种补充,从而使马赛自由贸易港最终成为南欧,乃至地中海地区高效的配送枢纽港。

马赛自由贸易港已经认识到,至少在现阶段,欧洲主要的物流中心在北欧,使诸如鹿特丹和安特卫普这些港口可从中获益。

然而，马赛自由贸易港相信，对于拥有2亿多人口的南欧以及由此进入拥有数亿消费群体的地中海地区而言，自己所处的地理位置无疑是得天独厚的。与北欧地区港口相比，船舶挂靠马赛可节省2500千米航程，马赛现有的深水海域、理想的内支线布置以及四通八达的公路、铁路及内河布局使其可以向广阔的欧洲地区提供高效的服务。

马赛自由贸易港的投资计划着眼于最具发展潜力的领域，突出物流服务作为自己最独特的服务领域。从这一点上可以明显看出，马赛自由贸易港投资将直接用于与物流有关的产业，这一点变得日趋重要。

（二）港区项目综合发展

马赛紧邻美丽的普罗旺斯，毗邻度假胜地蓝色海岸，不仅是一个港口旅游城市，也是著名的历史文化名城，《基督山伯爵》的故事背景便是发生在马赛，浓厚的历史文化背景赋予了马赛开发旅游项目的先天优势，因此，吸引了大批游客前往。然而，由于马赛长期以来发展重工业港口，其脏、乱、差的形象严重影响了邮轮旅游业的推广，马赛在很长一段时间里都没能进入各航运公司的发展计划内，歌诗达公司甚至宣布永不停靠马赛。但仅数十余年，马赛自由贸易港的邮轮乘客人次就呈现出指数性增长的趋势，乘客人数更是超过130万，马赛自由贸易港摇身成为法国最大的邮轮干线港。

马赛能取得这样的成就并非奇迹。20世纪90年代，马赛政府便倡议成立马赛－普罗旺斯俱乐部，旨在与社会各界力量合作共同发展邮轮旅游业，马赛自由贸易港务局投入大量资金，终于在21世纪初建成了马赛的第一个邮轮码头。一直到2013年，超过40艘小型邮轮在马赛自由贸易港区停靠，邮轮旅游业的发展开始步入正轨。通过大力发展邮轮辅助设施促进邮轮旅游业的发展，马赛的城市环境与城市口碑逐渐改善，地中海区域的邮轮港口，无论是以邮轮旅游为主导的巴塞罗那港,还是意大利或希腊的港口群,又或是近十年来发展最快的马赛自由贸易港,其发展路径都具有一定相似之处,无不是港口政府当局的协助推广和邮轮公司大力支持的结果。各邮轮港口没有因为资源竞争而相互压制,反而形成了竞合、共同发展的良好发展趋势,马赛各个区域的邮轮旅游业由此得以发展形成了全球第二大邮轮市场。

(三) 港城共同建设

在利用港口促进城市发展方面,马赛自由贸易港堪称以港兴市的典范。马赛自由贸易港的港口码头工程则充分体现了这一点,该工程在港口基础上融合了商业、文化等配套服务设施,开发出了一个多功能平台。这样的平台不但能够树立马赛在法国的大都市形象,还能对港口经济和就业提供有力的保障。在实施港口码头工程时,马赛重点突出经济文化休闲活动,重点在码头前沿位置展现,服务众多游客。今天的马赛自由贸易港已然成为法国海港商业一体化的旅游胜地。

由此可见,政府应利用丰富的国际影响力和旅游资源,促进港口及周围城市的共同协调发展,系统建设旅游配套设施,改善交通条件,为发展旅游经济提供有力支持。

(四) 对外合作

21世纪初,马赛自由贸易港逐渐由化工原料港转变为首要处理集装箱货物与物流增值服务为主的港口,为配套本次转型升级,港务局开始在新加坡、上海、东京等地建立代表处。考虑到费用问题,马赛自由贸易港还削减了码头使用费与其他一系列费用,并兴建港口配套设施,吸引各地区集装箱航线与海外港口间的货物运输。为了发展福斯港区的货物装卸,港务局还实行了24小时不间断工作制以提高作业效率,将货物高效运送出港,同时,换代装卸桥,大力促进多式联运铁路和水运配套业务,甚至特地成立一家与铁路合营的企业,以吸引德国和意大利北部等地区的集装箱货物源。数年后，在港务局的不懈努力下，马赛与上海也互相成为友好城市，两个城市间不仅经济贸易交流与日俱增，在航运方面的合作效益也蒸蒸日上。直到 2012 年年末，为祝贺上海与马赛结成友好城市 25 周年，马赛副市长率马赛经济、文化、港口方面的负责人以及企业家们特地来到上海开展交流活动。中远集装箱船运团队近几年每周都有数次班轮挂靠马赛自由贸易港，可见中远与马赛自由贸易港的合作已日渐深入。

**参考文献：**

[1] 王之琪. 关于马赛自由贸易港口与珠海港口发展模式的比较及启示 [J]. 中国市场，2016 (32)：174 – 175.

[2] 朱玉杰，于明娟，王坤，等. 中国居民赴法国投资税收指南 [Z]. 国家税务总局，2017.

## 第五节　日本东京湾港口群及东京湾区的建设经验研究

东京湾港口群位于日本本州岛南部的东京湾沿岸，由横须贺、横滨、川崎、东京、千叶、木更津 6 个首尾相连的港口组成。依托于东京湾区、东京首都圈以及京滨、京叶两大工业地带，东京湾港口群逐渐发展成职能分工明晰、内部相互合、对外共同竞争，年吞吐量超过 5 亿吨的综合型港口群。湾区内产业结构与产业链条完整，集中了包括钢铁、有色冶金、炼油、石化、机械、电子、汽车、造船、现代物流等多样化产业，成为全球最大的工业产业地带。湾区内同时还包括金融、研发、文化和大型娱乐设施与大型商业设施等，成为世界有名的金融中心、研发中心、娱乐中心和消费中心。

# 一、东京湾港口群的概况

## （一）地理区位

六大港口成马蹄形分布在东京湾沿岸，形成气势磅礴的世界级港口群。东京湾是一个面向太平洋的优良港湾，位于日本本州岛南部，分为东西两侧，东侧是千叶县的房总半岛，西侧是位于神奈川县的三浦半岛，而湾底就是东京的银座地区。通过两个半岛之间狭窄的浦贺水道与西邻的相模湾会合，东京湾与太平洋相连。在国内经济腹地方面，东京湾港口群依托东京湾发展起来的东京大都市圈，包括东京都、琦玉县、千叶县、神奈川县一都三县。东京湾区面积虽只占日本总面积的3.5%，但拥有常住人口3800万，约占全国总人口的1/3。这也造就东京湾港口群的一个重要功能，即从全球进口粮食、水果及奢侈品等消费物资，供应东京大都市圈，支撑圈内3800万人高质量的全球性消费。

## （二）历史发展与建设概况

### 1. 历史发展历程

东京湾的开发建设始于江户时代。17世纪初，随着日本政治中心从关西地区移向关东地区，东京逐渐成为日本新的经济中心。到了18世纪，东京已成为全国最大的消费市场，每天都有来自全国各地的商船在东京港停泊。快速现代化和规模化发展则始于明治维新时代，由于实行改革开放，日本从欧洲引进了大量的先进工业，主要有纺织业、机械加工业和炼钢产业。这些产业必须依托于港口，建成临港工业，东京湾良好的岸湾环境为这些产业的发展提供了条件。东京湾都市圈第二次腾飞则出现在"二战"后的20世纪60年代。战后日本经济迅速恢复，东京湾在开发中逐渐规划建成了两大工业地带，工业发展所需的大量原材料进口以及产品的出口促进了湾区内港口的建设与发展。在强有力的规划下，逐渐形成了职能分工明确、相互合作、有机结合的六大港口。

2. 港湾建设历程

日本东京湾是世界上第一个主要依靠人工规划而缔造的湾区。20世纪50年代初，日本政府颁布了港湾法，规定由政府对整个国家港口发展的数量、规模和政策进行统一规划布局。1967年，日本政府颁布了《东京湾港湾计划的基本构想》，建议把东京湾沿岸各港口整合为一个分工不同的有机群体。各地方港口管理机构拥有对港口的基本管理权，同时，共同协商对港口群的规划管理，以整体利益为目标，协调发展，费用统一定价以消除各港口之间的恶性竞争，实现港口群的最大效益。从1956年起，东京湾每隔几年就会修订一次港湾计划，到2014年已是第8次修订。港湾计划是用来指导湾区和各港口的建设与发展，并做出战略性规划，从而造就了当前湾区产业完整、分工明确、布局合理，各港口各司其职、通力合作的世界级大湾区格局。

(三) 港湾交通优势

东京湾拥有六大港口，分别是东京港、横滨港、千叶港、川崎港、横须贺港和木更津港。这六大港口首尾相连，与羽田、成田两大国际机场以及6条新干线连接在一起，构成了东京湾与日本和全球主要城市之间海陆空立体交通网。东京湾区交通十分发达，拥有密集的铁路、地铁、公路系统以及便捷的飞机、轮渡。其中，城市间最主要且方便的交通方式是铁路，而市内交通则通过地铁及公交。东京湾区拥有世界上最大的铁路网，包括日本铁道集团（Japan Railways，JR）、私家铁路、地铁、单轨铁路等。

## 二、东京湾的管理与协调机制

### (一) 东京湾的管理

根据港湾法的规定,东京湾的管理者是东京都政府,成立东京港湾局进行统一管理,确保东京湾规划的长远性和战略性得到最大化。各大港口在港湾局的统一管理下,作为整体对外宣传、营销,提高了港湾发展的整体效益。同时,东京港湾局为了尽可能详细研讨其港湾改造计划,设置了港湾计划调查检讨委员会。该委员会主要由大学教授和智库研究人员构成,负责对港湾计划进行详细探讨。

### (二) 东京港湾的协调机制

东京湾区内有"一都三县"(东京都,琦玉县、千叶县、神奈川县),包括若干大城市和中小城市。在开发中,保持"谁开发谁拥有"的基本原则,同时建立起相互协作的沟通机制,对湾区和城市发展中的问题采取会议协调协商的方式寻求解决。

目前,整个东京湾区的开发管理,主要的协商机构是"东京湾港湾联协推进协议会"。这个协议会由日本政府的国土交通省关东地方整备局港湾空港部牵头,东京湾所有的地方政府一起参加,协议会事务局设置在横滨市。沿岸各城市的湾区开发,必须要服从于已经达成协议的规划案,一旦提出更改,就必须获得东京湾港湾联协推进协议会成员的一致同意。此外,还有由各海运公司和港区开发公司、沿港工厂企业共同参与的东京都港湾振兴协会。

值得注意的是,在东京湾的规划协调中,智库发挥着举足轻重的作用。作为衔接各种规划的智库对东京港湾的发展有长期的研究、认识和推动。如由经济企划厅和国土厅共同管理的日本开发构想研究所，既为日本政府制定国土规划和产业政策服务，又为东京湾区的各级政府制定规划服务，几乎所有与东京湾相关的规划和政策都找该研究所做顾问。因此，各类智库也发挥着居中协调的作用，各个规划部门的发包单位往往有不同的诉求，而智库便把不同的诉求通过沟通磨合，再结合自己的思想和数据整合成一个有机协调的规划方案。

## 三、东京湾区的产业发展与港口建设

### （一）东京港区的产业发展

在产业的空间布局上，东京湾区的特点是专业分工、扬长避短、错位发展。东京港湾地区从20世纪60年代的经济高速发展时期，开始实施"工业分散"战略，将一般制造业、重化工业逐渐从东京的中心城区迁移至横滨市、川崎市，进而形成和发展为京滨、京叶两大产业聚集带和工业区。即以银座为中心，向西（川崎市和神奈川县方向）发展出京滨工业地带，向东（千叶县方向）发展出了京叶工业地带。这两大工业带集中了包括钢铁、有色冶金、炼油、石化、机械、电子、汽车、造船、现代物流等产业，成为全球最大的工业产业地带。

与此同时，东京的中心城区则强化了高端服务功能，重点布局了高附加值、高成长性的服务行业、奢侈品生产业和出版印刷业。这些产业包括金融、研发、文化、大型娱乐和商业设施以及总部经济等，使得东京成为世界有名的金融中心、研发中心、娱乐中心和消费中心。两大工业地带与东京的金融、总部、研发等功能紧密互动、优势互补，从而造就了产业发展、转型升级以及经济增长的东京湾区奇迹。

### （二）东京湾区的港口建设

1967年，东京都提出了"东京湾港湾计划的基本构想"，就决定把 6 个港口整合，形成广域港湾，并赋予它们不同的专业分工：东京港主要负责输入和内贸，横滨港负责输出和国际贸易，千叶港负责能源和工业，川崎港负责原料、成品的进出口，木更津港运营地方商港和旅游业，而横须贺港则主要为军事港口。如此一来，各个港口之间原本存在的竞争关系，被整合成了各司其职、优势互补的合作关系。经过多年的规划与发展，东京湾的港口都形成了各自的特色和职能定位。见表 7-10。

表 7-10 东京湾港口群的特色与职能分工

| 港 口 | 定位与特色 | 职 能 属 性 |
| --- | --- | --- |
| 东京港 | 湾区内最大的集装箱港口，依托东京，腹地广阔、交通发达 | 输入型港口，货物集散型港口，为大东京都市圈提供充足的消费品。以进口服装、电机和食品为大宗 |
| 横滨港 | 首都东京的深水外港，拥有日本最大、亚洲最深的集装箱码头 | 内需型港口城市，主要为国内大型制造业中心提供原材料、能源物资和产品的进出口服务；从澳大利亚进口液化天然气，从沙特进口原油，从中国进口服装；向美国、澳大利亚和中国出口汽车，同时，还向中国出口化工品和可再生材料 |
| 千叶港 | 日本最大的工业港口，企业专用码头占主导 | 从阿联酋和澳大利亚进口原油、液化天然气、石油制品和铁矿石等工业原料、燃料，向中国、韩国和澳大利亚主要出口石油制品，其次为化学药品、钢材等 |
| 川崎港 | 全球性特大港口，拥有部分远洋泊位，定位为生活能源供应基地 | 进口货物以石油和天然气为主，并辅以铁矿石和煤炭，出口以工业品为主，主要是汽车和化工品 |
| 木更津港 | 日本工业港 | 主要为当地的君津钢铁厂进口液化天然气和铁矿石等工业原材料，并且出口钢铁产品 |
| 横须贺港 | 日本军港兼商港，素有"东洋第一军港"之称 | 具备了海军基地所需的各种条件，日本海上自卫队和美国海军第七舰队驻扎于此 |

1. 东京港

作为首都圈地区与国内、海外各地运输的节点，其腹地为拥有 3800 万人口的东京圈及其周边的关东北部、甲信越等广大地区。同时，东京港拥有发达的交通网络和便捷的交通设施，方便其与广大腹地以及整个国内地区的联系与交往。东京港也是一个典型的输入型港口。由于其面对着东京都这样一个巨大的消费市场，并且东京都作为日本尤其是大东京都市圈的物流中心，因此，东京港承担了相当大的进口货物的集散功能。该港主要以进口服装、电机和食品为大宗，同时，也出口可再生材料、其他化工品、工业机械和汽车配件等。

2. 横滨港

横滨港位于东京湾西南岸，离东京 30 千米，它是日本首都东京的深水外港，也是日本第三大城市与工业中心。横滨港是世界著名的集装箱港口，拥有日本最大、亚洲最深的集装箱码头。横滨港属于内需型港口城市，主要为国内大型制造业中心提供原材料、能源物资和产品的进出口服务，集装箱、汽车、木材、海鲜、加工企业等专用码头占全港码头总数的 65% 以上。该港主要从澳大利亚进口液化天然气，从沙特进口原油，从中国进口服装；向美国、澳大利亚和中国出口汽车，同时，还向中国出口化工品和可再生材料。

3. 千叶港

千叶港位于千叶县西部，濒临东京湾的东北侧，是日本最大的工业港口。在千叶港，企业专用码头从开港以来就具有主导地位，企业专用码头货物吞吐量占到港口总吞吐量的 90% 以上。该港主要从阿联酋和澳大利亚进口原油、液化天然气、石油制品和铁矿石等工业原料、燃料；向中国、韩国和澳大利亚主要出口石油制品，其次为化学药品、钢材等。

4. 川崎港

川崎港是全球性特大港口，位于东京港和横滨港中间，与两港首尾相连，三者被合称为京滨港。川崎港拥有部分远洋泊位，但深水码头较少,且主要为企业专用码头。该港进口货物以石油和天然气为主,并辅以铁矿石和煤炭,出口以工业品为主,主要是汽车和化工品。同时,川崎港定位为能源供应基地,不仅支撑着首都经济圈的工业发展,同时也支撑着市民的生活。

5. 木更津港

木更津港是日本工业港,位于本州南部东京湾东南岸。主要为当地的君津钢铁厂进口液化天然气和铁矿石等工业原材料,并且出口钢铁产品;国内贸易主要流通砂石、钢材以及其他运输机械。随着京叶工业带的发展,木更津港不仅成为支持木更津腹地产业发展的重要港口,同时也是木更津商圈的重要中心城市。

6. 横须贺港

横须贺港是日本的军港兼商港。该港大部分属军港区,日本海上自卫队和美国海军第七舰队的司令部都设立于此。港区内的停泊设施、修船能力、油料和弹药储存设备及兵员修整设施方面的条件得天独厚,具备了海军基地所需的各种条件,素有"东洋第一军港"之称。横须贺港以船舶制造和汽车制造工业为主,港口贸易以本国内的商品输入为主,国际贸易很少,只是兼有外贸工业品输出的功能。

## 四、东京湾区的海关监管与保税场所

### (一)东京湾区的海关监管分布

东京湾区属于日本东京海关和横滨海关的管辖范围。东京海关共有6个办事处和4个分关。其中,在东京湾区的办事处就有5个,分关有2个。5个办事处分别是东京航空货物办事处、成田航空货物办事处、东京外邮办事处、大井办事处、立川办事处。2个分关则是成田机场海关、羽田机场海关。横滨海关共有5个办事处和7个分关。其在东京湾区的办事处有4个,分关有

3个。4个办事处为鹤见办事处、大黑埠头办事处、木本埠头办事处、川崎办事处。3个分关为千叶分关、川崎分关、横须贺分关。

(二) 东京港湾的保税场所建设

依据日本《关税法》，日本海关或财务省在东京湾区批准设立了大量各种类型的保税场所，包括指定保税区域、保税放置厂、保税工场、保税工厂+保税放置厂、保税会展场以及综合保税区。各自的职能与目的各不相同，为东京湾区乃至日本全国的对外贸易提供了极大的便利。表7-11是对东京湾区各类保税场所的简介。

表7-11 东京湾主要的保税场所及其功能介绍

| 保税场所 | 设立目的与分布 | 保税功能 |
| --- | --- | --- |
| 指定保税区域 | 依据日本《关税法》第三十七条由财务省指定设立，性质是国营或公营，设置目的是通关手续便利化；东京海关有6处，横滨海关有8处 | 在指定保税区域内可以对还没有完成进口手续的货物、已经获得出口许可的货物、中转经由日本的外国货物进行装卸、搬运和暂时仓储保管。仓储保管期限限于1个月之内 |
| 保税放置场 | 依据日本《关税法》第四十二条由海关批准设立，目的是通关手续便利化和国际贸易的交易便利化，东京海关有567个，横滨海关有988个 | 在保税放置场内可以保管外国和日本之间的通常进出口通关货物、来自外国并经由日本转口第三国的货物、根据市场行情暂未办理进口通关手续的金属或纤维等货物，也有作为电影公司放映未通关的外国电影的放映室（以便决定是否进口该电影，决定后再通关）。存放的外国货物时间为2年，可延长 |

续上表

| 保税场所 | 设立目的与分布 | 保税功能 |
|---|---|---|
| 保税工场 | 依据日本《关税法》第五十六条由海关批准设立，目的是振兴日本的加工贸易；东京海关有14个，横滨海关有54个 | 在保税工场内可使用外国货物作为原材料或者半成品，加工或者组装成为成品商品后再出口。由于进口的外国货物还没有缴纳关税等税费，所以属于保税状态。这种状态一直保持到制成成品后的再出口，因此一直不必缴纳关税。功能相当于我国的出口加工区。外国货物在保税工场停留期限为2年，可延长 |
| 保税工场+保税放置场 | 保税工场的保税程度远高于保税放置场，很多保税工场内也批准设立保税放置场 | 同时具有两种功能 |
| 保税会展场 | 根据日本《海关法》第六十二条由海关批准设立，目的是促进贸易的发展和国际文化的交流；东京海关有2个，横滨海关有3个 | 设置期限由海关关长根据会展等的会期所必要的期限而决定。外国参展产品和货物不用缴纳关税，经过非常便捷的手续就可以入境，供展会展出或使用 |
| 综合保税区 | 根据日本《关税法》第六十二条第八款由海关批准设立，横滨海关有2个 | 是包含了海关监管仓库、保税工场和保税会展场所有功能的综合保税区域，是现阶段日本保税区域的最高形态。外国货物可以在综合保税区内最长放置2年，超过3个月应该向海关申请批准 |

此外，日本根据《关税暂定措施法》和《关税定律法》，东京湾区还有大批经海关认定的保税工厂。其中，东京海关有13家，横滨海关有59家。

## 五、东京湾区的建设经验启示

东京湾区面积虽小,却集中了日本将近1/3的人口,创造了日本1/3的GDP。区域内不仅有世界上最大最先进、出口实力最强的工业产业地带,也拥有日本甚至全球的金融、贸易、研发与娱乐中心,成为世界上人口最多、城市基础设施最为完善、产业链条最为完整的第一大都市圈。区域内产城、港城融合,城市间、港口间相互合作、良性竞争,共同为日本的产业、进出口贸易服务。回顾东京港湾的发展建设历程,主要有以下几点经验值得我们借鉴与参考。

### (一) 促进区域产业转型,优化区域产业布局

根据区域内各城市的地理位置、历史文化、产业基础、资源禀赋等,合理定位各城市的产业部署;相互协调,形成优势互补或具有上下游关系的产业合作关系;优化区域的产业布局,避免产业高度同质化,构建基础完善、链条完整、相互配套的区域产业工业格局。同时,在城市职能与产业定位的基础上,要根据发展规划、国内外发展趋势,及时调整城市间,尤其是城市内的产业布局,促进城市产业升级。

### (二) 强化统一协调能力,坚持规划优先

东京湾的管理高度集中在东京湾管理局,确保东京湾规划的长远性和战略性得到最大化实现。各大港口在港湾局的统一管理下,作为整体对外宣传、营销,提高了港湾发展的整体效益。在港湾建设的过程中必须要有一个统一有力的机构负责管理和协调区域内各城市间的规划与发展,在推动发展的同时也能保证发展的有序性与协调性。成立专门的协调机制,将有关各方都纳入机制中,充分发挥协调机制的作用。同时,发展要坚持规划优先,

依靠规划、坚守规划。东京港湾沿岸各城市的湾区开发，必须要服从于已经达成协议的规划案，一旦提出更改，就必须获得东京湾港湾联协推进协议会成员的一致同意。

（三）加强港口建设，明确职能分工

东京湾沿岸分布着首尾相连的六大港口，这六大港口根据"东京湾港湾计划的基本构想"朝规划的港口职能与定位方向发展，从而形成了各司其职、各具特色，职能分工明确、相互合作的港口群。同时，湾区内各大港口为推动贸易发展提供了完善的设施、便利的条件等，如完善发达的交通运输网络，种类丰富、功能齐全的保税场所。

（四）重视和发挥智库的作用，保持发展的科学性、长期性与协调性

东京港湾局对智库和研究机构相当倚重。为了尽可能详细检讨其港湾改造计划，设置了港湾计划调查检讨委员会。该委员会主要由大学教授和智库研究人员构成，负责对港湾计划进行详细探讨。日本的政府决策者在不断变更，每个时代又都有每个时代的诉求，唯一对整个东京湾的开发有整体把握的就是智库。政府也尊重与重用这些智库，把他们作为开发管理东京湾的一个重要力量，几乎所有与东京湾相关的规划和政策都由智库或研究所做，并在其中居中协调，统筹横向各个部门或地区、纵向各个时代的规划。

**参考文献：**

[1] 王传福：粤港澳湾区可对标东京湾区，大力发展轨道交通[J]. 中国机电工业，2017（9）：19.

[2] 王建红. 日本东京湾港口群的主要港口职能分工及启示[J]. 中国港湾建设，2008（1）：63-66.

［3］王宪明. 日本东京湾港口群的发展研究及启示［J］. 国家行政学院学报，2008（1）：99–102.

［4］李敏. 借鉴国外典型港口群协同发展经验［J］. 中国港口，2015（8）.

# 第八章 "旅游+离岸经济"型自由贸易港建设经验

开曼群岛乔治敦自由贸易港的建设经验：

## 一、乔治敦自由贸易港的概况

### （一）地理环境

开曼群岛位于牙买加西北方 268 千米，迈阿密南方 640 千米的加勒比海中，由 3 个主要岛屿组成。大开曼岛面积最大，为 220 平方千米。另两个岛屿开曼布拉克和小开曼岛位于大开曼岛的东北约 145 千米处，面积分别为 23 平方千米和 16 平方千米，境内地势较低，平均海拔 200 米，主要是平原，周围有珊瑚礁。大开曼岛约有 1/2 是沼泽地。三岛之地质构造为石灰岩，地势低平，仅开曼布拉克中央有高崖（占了 90% 的面积），海岸多暗礁和岩石。

乔治敦港则位于开曼群岛西部的大开曼岛西南沿海霍格斯特尔湾内，濒临加勒比海的西北侧，是开曼群岛的最大港口。港口是潮汐港，外有沙洲阻碍，仅能停泊吃水 6 米的海轮。每年自 5 月开始直到次年 4 月的 "Nor-wester"（西北云弧）现象严重影响开曼群岛的西海岸，尤其是乔治敦港口。当暴风雨从西边来临时，现有港口易被淹没，使得泊位无法维持而停止港口作业。

### （二）港口使命与治理

开曼群岛乔治敦自由贸易港定义其使命为：通过提供创新、

安全、有效的解决方案,以促进和便利水上商务、贸易和休闲旅行,从而促进开曼群岛的持续经济发展,促进服务和保健方面的卓越文化,并通过合作努力实现可持续发展。

整个乔治城的进出口贸易港管理、码头管理、货运管理和海运管理都是由开曼群岛港务局统一负责的。开曼群岛港务局是归开曼群岛政府拥有的权力机构,由政府指定的董事会进行管理。董事会由开曼群岛的内阁任命。地方行政、旅游和运输部门负责港务局的工作。

港务局发展历经40年的变化,见图8-1:

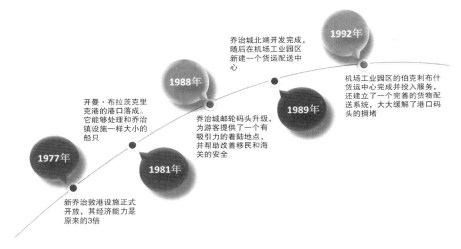

图8-1 港务局发展历程

1977年7月16日,新乔治城港口(即现在的乔治敦港口)设施正式由州长托马斯·拉塞尔先生开放。旧码头的经济能力是每年5万吨,这一数字在1989年是原来的3倍。

1981年,开曼·布拉茨克里克港的港口落成。它能够处理和乔治镇设施一样大小的船只,并准备应付越来越多的货物。

1988年,乔治城邮轮码头升级,为游客提供了一个有吸引力的着陆地点,并帮助改善移民和海关的安全。

1989年,乔治城北端开发完成。随后,港务局董事会启动了一项耗资 3500 万美元的项目，在机场工业园区的约 0.243 平方千米的土地上新建一个货运配送中心。

1992 年，在机场工业园区的伯克利布什货运中心完成并投入服务。新中心包括一个仓库、门房和维修大楼。它还建立了一个完善的货物配送系统，大大缓解了港口码头的拥堵。

（三）港口现状

乔治敦港口是岛上唯一的港口设施，由货运站和邮轮设施组成，由邮轮提供投标服务的登船地点。巡航船舶目前停泊在 4 个近海深水锚点处。

港区主要码头泊位有 2 个，岸线长 208 米，最大水深 7.7 米。该港口可容纳至多 1.2 米或 121.92 米长的船只，其吃水不超过 5 米或 5.03 米。装卸设备有各种岸吊、叉车及滚装设施等，其中，岸吊最大起重能力达 100 吨，还有直径为 200 毫米的输油管供装卸使用。由于整个群岛位于飓风区内，其经济以金融服务和旅游业为主。港区主要负责进出口贸易运输，其主要出口货物为海龟肉、皮革、贝壳及渔产品等，进口货物主要有粮谷、纺织品、食品运输设备及建材等；主要贸易对象是佛罗里达、美国和牙买加，其中从美国进口的货物约占进口总额的 75%，其他还有英国、加拿大及日本等国。

乔治敦港还是加勒比海域邮轮停靠的著名港口。邮轮每周二至周五可停靠在乔治敦港，通过"标书"把乘客送上岸，这也被称为"穿梭船"。游客可以在自由贸易港参观，还可以进行各种水上项目，例如，玻璃底船水底之旅、浮潜、潜水等。乔治敦港来往的主要邮轮公司有：美国嘉年华邮轮集团（Carnival-The Fun Ships）、名人邮轮公司（Celebrity Cruises）、皇家加勒比公司（Royal Caribbean Line）、挪威邮轮公司（Norwegian Cruise Line）等。

## 二、开曼政府的政策支持

### （一）环境政策

由于海洋域是开曼群岛海洋生态经济的一个重要特征，政府对开曼群岛乔治敦自由贸易港有严格的准入限制，政府也为港区提供飓风保护。同时，法律还对来往船只的个数、尺寸和吃水量有明文规定，这些规定都包含在港区法律（1999）、港区法规（1999）、港区修订法规（2013）、环境保护法等法律条文中。

### （二）税收政策

早在1978年，开曼群岛就获得了一个皇家法令，法令规定永远豁免开曼群岛的缴税义务，故而，开曼群岛完全没有直接税收，无论是对个人、公司还是信托行业都不征任何直接税。岛内税种只有进口税、印花税、工商登记税、旅游者税等几个简单的税种。几十年来没有开征过个人所得税、公司所得税、资本利得税、不动产税、遗产税等直接税。所以，它也获得了"避税天堂"[①]的美称。以旅游业和金融业收入以及国外汇款来弥补巨额的贸易赤字。同时，开曼颁布了《银行与信托公司基本法》《外汇管理法》《保险法》等法律法规，为离岸金融的发展奠定了良好的基础。对于外国投资者在岛上注册但不在岛上经营的豁免的公司，开曼提供20年内不征收所得税的保证，而豁免信托公司可得到50年内不课征所得税的保证。

正是由于开曼无外汇限制和税收中立的法规，外加开曼群岛赞成课征法治税和账户保密，使得企业的国际交易中的资金流动更加灵活，开曼群岛离岸金融业逐渐成长壮大。开曼群岛金融服

---

① "避税天堂"是这样一类独特的司法管辖区域：在"避税天堂"内没有相关的税收，或者仅对征税对象课以极低的税率；对特定的对象或事务还可根据国内外相关法律或条约享受税收特权。

务业的收入约占政府总收入的 40%。这里注册的银行和信托公司就有 278 家，自属保险 805 家，对冲基金 9231 家，各类公司 93693 家。开曼政府对于不同类型的金融机构的开放政策不尽相同。

（三）保密政策

除了有税务优惠之外，几乎所有的注册公司均明文规定：公司的股东资料、股权比例、收益状况等，享有保密权利，如股东不愿意，可以不对外披露。

开曼群岛在 1966 年就颁布了《银行和信托公司管理法》，规定了为客户保密的原则。1976 年，开曼又制定了《保密关系法》，规定对泄密者最高可处以两年徒刑。《开曼群岛公司法》（2013 年修订）规定豁免公司股东的身份不列入公开档案，开曼群岛的任何政府机构均不可知晓。由于有严格的保密法，外国政府很难从开曼的银行取得客户存款账户信息。在开曼，避税行为并不算违法，开曼政府一般并不因外国政府调查税收案件而向其提供有关情报。

（四）外汇政策

开曼群岛没有外汇管制法律，不论是开曼群岛居民还是非居民向开曼群岛境内或境外转移资产，均不存在限制。此外，银行账户可使用本地银行可提供的任何货币。

## 三、乔治敦港推动离岸注册经济的经验

开曼群岛乔治敦自由贸易港得天独厚的地理位置、纯净的自然环境、发达的交通和通信，为跨国公司前来投资创造了有利条件。再加上开曼群岛自身较高的自治水平，对乔治敦自由贸易港实施环境、税收、外汇等方面政策的支持，使得经由乔治敦自由贸易港进出的国际贸易不断发展壮大，并最终推动了整个开曼群

岛的开放、透明的企业注册和金融服务体系。

（一）公司分类

开曼群岛的企业类型主要有本土公司、非本土公司、豁免公司、分体公司、有限期公司、海外公司等。

（1）本土公司也称为居民公司，必须在岛上拥有实质性的办公场所，允许在岛上从事零售、不动产、旅馆、餐饮、维修服务、本地船务等业务。

（2）非本土公司的注册和管理与本土公司一样，但必须提供公司没有在开曼群岛开展业务的事实或计划，向开曼群岛财政司申请一份非本土公司的证书。非本土公司可以经申请转成豁免公司。

（3）豁免公司通常不能在开曼岛内经营业务，也不能向居民募集股份或债券；一般也不能持有开曼群岛境内的土地。豁免公司的宽松管理主要体现在以下多个方面：① 不需要向开曼群岛的公司注册处提交股东的详细资料；② 可以向开曼政府申请豁免征税的保证书；③ 可以申请撤销注册，或者把注册地点转移到其他国家；④ 不必公开股东及成员记录册；⑤ 不必举行年度股东大会；⑥ 可以登记成为一家有限期公司。

（4）分体公司一般是由天使投资人或风险投资机构投资的公司或者基金组合。

（5）有限期公司和美国的有限责任公司类似，公司条例中有关豁免公司的管理条款也适用于有限期公司。

（6）海外公司又称为外国公司，是指注册于开曼群岛境外的其他国家或地区，但同时在开曼群岛境内设有营业地址，或者拥有实质性经营业务的公司，主要是外国银行在开曼群岛设立的分支机构。

（二）公司注册和管理

开曼群岛设有公司注册局，但最为便捷的注册方式还是委托拥有执照的专业代理机构提供几乎全部的注册服务，例如，很多会计师事务所、律师事务所、信托公司等，都可以提供包括注册地点、提名董事和公司管理人员，作为代理人出席董事会议、保管注册公司的有关信息资料等服务。

开曼政府设有金融管理局专门对金融企业、企业管理公司进行严格管理。这些企业要分别根据当地的公司管理法、银行信托执照条例、保险法、共同基金法取得相应的营业执照，必须要有注册地点、保留历年股东及董事名单接受公众查阅，金融企业必须任命审计员，每年向业主和政府提交财务审计报告。

凡是在本地从事实质性经营业务的企业，必须根据《本地公司法》取得营业执照。如果开曼群岛本地人对本土公司拥有的权益不足60%，那么，必须向开曼移民局说明该企业在本地提供服务的必要性。豁免公司不在岛内营业，因而对其管理非常简单，一般只需要说明公司章程及备忘录有没有变化、有没有违反公司法条例、有没有在岛上经营等情况即可。

全世界最大的25家银行都在开曼设有子公司或分支机构。岛内的金融业、信托业总资产已超过2500亿美元。与此同时，包括阿里、京东、百度、汇源、新浪、联通、联想、SOHO中国、绿城中国、恒大集团、新世界百货、蒙牛、盛大、前程无忧、巨人网络、奇虎360等一大批耳熟能详的中国公司，注册地均在开曼群岛。

（三）主要的离岸金融业务

离岸金融是指设在某国境内，但不受该国金融法规管制的金融机构所进行的资金融通业务。它形成的离岸金融市场为非居民间从事国际存贷业务的市场，资金必须来自银行所在国的非居民或其他国际来源的外币资金，基本上不受任何一国货币法令的管制，并享受免税或减税、可自由汇出境外等待遇。这种中心可分3种类型：伦敦型、纽约型及避税港型。开曼群岛的离岸金融市场就属于避税港型，见表8-1、图8-2。

表8-1 离岸金融市场类型

| 市场种类 | 简介 | 特点 | 典型案例 |
| --- | --- | --- | --- |
| 内外一体型 | 属于"自然形成"的市场,它既经营银行业务,也经营证券业务 | 兼具境内和离岸业务的"内外一体式"金融市场,资金流入流出不受限制 | 伦敦、中国香港等 |
| 内外分离型 | 主要交易对象是非居民,以本国货币作为主要交易货币 | "人为创设"和"内外分离",而且没有证券买卖 | 纽约、东京等 |
| 内外渗透型 | 绝对的内外分离型向一体型发展的过渡形式,在岸、离岸业务仍然分属两个账户,以此将居民与非居民业务分开 | 以分离型为基础,允许资金在一定的限额内相互渗透,或者开辟一个资金单向进出通道 | 新加坡离岸金融中心等 |
| 避税港型 | 某些国家或地区开展金融业务可以逃避银行利润税及营业税等,同时在这些地方开办分行的成本与费用也较低 | 只有记账而没有实质性业务 | 拿骚、开曼群岛、巴林、英属维京群岛等 |

图8-2 主要的离岸金融市场

1. 基金业

开曼群岛拥有大量的离岸投资基金（即对冲基金），已成为世界上最重要的基金中心之一。统计数字显示，全球新成立的离岸基金中55%以开曼群岛为基地，几乎每天都有新基金在开曼成立，群岛良好的政治环境和灵活的法律框架为基金结构和投资战略的多样化提供了可能性：

（1）政府不对基金的收入直接征收税，也不对基金的投资者、管理者、运营者的收入直接征税。

（2）对外汇兑换没有限制。

（3）对投资战略、货币、投资工具、风险等没有限制。

（4）拥有完善、现代、灵活的基金管理法律。

（5）灵活的基金结构。

（6）灵活的报告制度，可使用各国的会计标准。

（7）与加拿大、美国和拉美等多个国家位于同一时区。

（8）大量的专业服务提供商。

（9）基础设施完善。

（10）安全、合理的管制环境。

（11）可快速便捷地成立基金。

（12）对当地监管者、经营者没有要求。

（13）政府与私营企业的良好关系。

（14）政治稳定。

（15）完善、独立的纠纷解决司法体制。

2. 保险

开曼是世界上排名第二的离岸保险中心。离岸保险是一种自保险业务，除纯自保险业务外，其他类型的自保公司包括"协会"或"行业"自保公司以及"机构"和"公开市场"自保公司，其中"协会"或"行业"自保公司是由一组公司或专业协会成员控制的仅仅为其股东提供保险的公司。自保公司相比其他保险公司可以更有效地获取保险金，降低保险成本。在开曼群岛成立自保保险公司，母公司可用比商业保险更低的费率为其风险投保,并能免去支付给商业保险公司的费用和利润。

3. 银行

银行选择开曼群岛的主要原因是其货币管理局实施的灵活适度的监管措施。另外,政府不征收预扣税和其他税也使银行避免了金融活动中产生的相关费用。一般来说,开曼的银行产生的债务会被转移至其母公司或下属的银行分支机构。

4. 信托

信托业是开曼离岸金融产业的一个明显特征。开曼于1967年就颁布了信托法。目前,开曼群岛有40多家实体拥有信托业务的营业执照,大部分信托公司的股东是英国、美国、瑞士以及加拿大的银行。信托公司可以逃避特定的税收,还可以为外逃资本提供避难所,以及回避某些遗产法或简化遗产检验程序。信托公司具有法定的隐私保护权,因而颇有吸引力。

5. 其他离岸机构及业务

在开曼群岛离岸金融多元化的过程中,共同基金和信托投资公司发展非常迅速。开曼群岛也有一定规模的欧洲债券业务,在证券化过程中创新产生的高度复杂的金融工具和金融服务。

开曼群岛积极拓展多样化的离岸业务,修订了船舶注册制度,学习巴拿马、利比里亚等地区开展"方便旗"业务。开曼群岛还沿袭英国制定了船舶飞机注册制度,相关业务开展得非常活跃。

(四) 金融监管

1970年9月,英属开曼群岛决定发行自己的独立货币——英属开曼群岛币,此举获得了英国的正式批准。作为英属开曼群岛金融管理局(Cayman Islands Monetary Authority,CIMA)的前身,英属开曼群岛货币管理局随后在1971年依照《货币法》(1971年版)成立,其职责是为英属开曼群岛引入新的统一货币并为相应法规的制定提供建议。直至1997年1月1日,CIMA才依照《金融管理局法》正式成立。该法律替代了之前的《货币法》，将之前金融服务监督管理部与英属开曼群岛货币管理局的职能赋予了由二者合并成立的CIMA。CIMA由英属开曼群岛政府直属，是集中央银行和金融业监管为一体的法定监管主体，它不仅仅继续前任机构的职责和工作，还致力于提高英属开曼群岛维持金融服务有序监管和货币稳定的能力。

其金融政策不仅包括政府通过的有关法律法规，CIMA自己发布的规则、原则和指示，以及《监管手册》和其他手册所规定的监管政策和程序，CIMA也要执行其承诺遵守的跨境协议和国际标准。另外，英属开曼群岛金融管理局不仅与美国、英国及27个欧洲国家达成了双边和多边的谅解备忘录及承诺，还与巴塞尔银行监督委员会、国际货币基金组织（IMF）以及金融行动特别工作组（Financial Task Force on Money Laundering，FATF）紧密合作，通过搭建信息交换平台，为国际及其他地区监管机构提供协助监管，同时，积极配合国际组织对英属开曼群岛的金融业监管机制评估。

在严谨的监管体系和合作框架下，CIMA的管理范围全面涵盖了银行及其他储蓄机构、信托、保险、外汇、基金、券商等所有金融市场参与者。CIMA有权通过多种执法手段实现监管目的，如发现执照机构或个人没有遵守有关法律规定，可立即追究其责任，并根据情况对其进行正式处罚或采取其他强制措施。所有执行行动均由CIMA的理事会授权，符合有关法律和监管条例，并专注于客户资产保护：① 极度严格的反洗钱制度；② 严格的客户资金保护条例；③ 严格的净资产规定；④ 严格的企业管理要求；⑤ 严格的监控和可疑报告要求；⑥ 为风险敞口增加而设的风险支持资本金。

## 四、小结

从上述分析可以看出开曼群岛乔治敦自由贸易港和其离岸中心相辅相成，在相互促进中共同发展。开曼群岛是由一些岛屿组成,地理位置远离大陆,具有相对的独立性,原本经济发展落后,主要依靠旅游业的支撑。但其自然地理条件优越,拥有较为完善的法律体系、优惠的税收制度、宽松的外汇管制、卓有成效的风险管理制度、便捷的工商注册程序、便捷活跃的银行业务,通过发展离岸注册经济而成为经济繁荣的离岸金融中心。

**参考文献:**

林涛,陈玉洁,刘家诚. 开曼发展注册经济的经验对海南三沙的启示 [J]. 中国集体经济,2018(2):164-166.